职场必备的心理学

不计较输赢，忘记杜拉拉，抛开圈子圈套！

职场必备

的

心理学

张艳玲 ⊙ 编

民主与建设出版社
·北京·

© 民主与建设出版社，2021

图书在版编目（CIP）数据

职场必备的心理学 / 张艳玲编 . —北京：民主与建设出版社，2016.7
（2021.4 重印）

ISBN 978-7-5139-1200-6

Ⅰ . ①职… Ⅱ . ①张… Ⅲ . ①职业 – 应用心理学 – 通俗读物Ⅳ . ① C913.2-49

中国版本图书馆 CIP 数据核字（2016）第 149260 号

职场必备的心理学
ZHICHANG BIBEI DE XINLIXUE

编　　者	张艳玲
责任编辑	王　倩
封面设计	天下书装
出版发行	民主与建设出版社有限责任公司
电　　话	（010）59417747　59419778
社　　址	北京市海淀区西三环中路 10 号望海楼 E 座 7 层
邮　　编	100142
印　　刷	三河市同力彩印有限公司
版　　次	2016 年 8 月第 1 版
印　　次	2021 年 4 月第 2 次印刷
开　　本	710 毫米 ×944 毫米　1/16
印　　张	13
字　　数	130 千字
书　　号	ISBN 978-7-5139-1200-6
定　　价	45.00 元

注：如有印、装质量问题，请与出版社联系。

前言 | PREFACE

职场就像赛场，职业生涯就像一场体育比赛。初赛的时候多努力、多用心才会脱颖而出进入下一次角逐。于是，有的人二十几岁做了经理，或当了老板。然后是复赛。能参加复赛的，每个人都有些能耐，在聪明才智上都不成问题，这个时候再想要胜出就不那么容易了，需要有很强的坚忍精神，要懂得靠团队的力量，要懂得收服人心，还要有长远的眼光。

职场中的每个人也许都不同程度地有这样的感受：

在职场中，相当一部分人都心口不一，不想做的事情，他们可能会答应得很快；而想做的事情，却往往假装推托，就算心里很想做，也会推诿半天装作不得已答应。所以，在职场中听人说话时，我们都要懂一点心理学，善于捕捉说话者的弦外之音，不要只听说话者的表面意思。

因此，可以说，学会察言观色是职场中必备的一门大学问。通常情况下，人的情绪会从谈论的每个话题里不自觉地呈现出来。如果要明白对方的性格、气质以及想法，最容易学到的步骤就是要观察话题与说话者本身的相关的状况。只要你留心，善于捕捉"弦外之音"，就可以从谈话中的一些蛛丝马迹得知别人的内心世界。

看错人、领会错事，是最糟糕的，同时却是极容易犯的错误。与人交际更需要看透其本性和特质。生活中，我们面对的是各种各样较为复杂的人群，这就要求我们必须懂得一些职场上必备的心理学常识。

众所周知，现在的就业压力越来越大，职场上几乎每天都会有新的面孔加入，新鲜血液的注入让一些老的在职人员都面临着被更年轻更优秀的人员的超越，当然也就面临着被公司淘汰的危机，因为没有哪个公司不是唯才是用。这样,在职者的压力是非常大的,而每天学点职场心理学可以使自己的情绪变得淡然,使自己的身心在压力巨大的职场中暂时解脱出来。

职场心理学主要是从在职者的角度出发,帮助在职者缓解压力,给在职者带来良好的正面效应。读者可以借鉴书中的意见和建议,根据书中的案例找到对应自己在工作中遇到的一些难题,将他人面对挫折的勇气和积极向上的做法分享给大家,教会在职者应该怎么做才能了解和熟悉职场上的一些隐藏的事务。大家可以找到和自己情况相符的,针对自己的情况,在以后的工作中多加注意,以便提高自己拼搏的勇气,增强自己的精神力量。

机会都是留给有准备的人,掌握好职场生存的黄金法则也就是对职场生涯做好了充分的准备,才能在职场生涯中游刃有余,才能充分施展自身能力,进而提升职场生存能力。

想要在竞争激烈的职场中胜出,就要从各个小的细节开始做起,所有的事情都需要做得有规律有准则。不付出,哪里会有收获?永远不要期待天上掉馅饼。一起来学学成功人士的办公室的成功心理秘诀吧!

目　录

前言 ·· 1

第一章　行走职场,从塑造自我开始

一、学会调适心态 ·· 2
　01　重要的是现在和未来 ··· 2
　02　宽容是告别"心苦"的最佳处方 ···························· 3
　03　认清自我,知足常乐 ·· 6
　04　专一之心造就成功 ·· 8
二、塑造他人眼中自我的优秀形象 ································ 10
　01　自我中心意识要不得 ·· 10
　02　打造自己的不可替代性 ····································· 12
　03　敢于表现,善于表现 ··· 14
三、找准自己的位置,面对真实的自我 ··························· 16
　01　活出自己的特色 ·· 16
　02　正视自己的生活 ·· 19
　03　命运掌握在自己手中 ·· 21
　04　认识自己,找准位置 ··· 22
四、成功源于永远相信自己 ··· 28
　01　表现出你的自信 ·· 28
　02　相信自己,才会成功 ··· 30

03　开发自己的潜能 …………………………………… 32
　　04　时时保持自信 ……………………………………… 34
　五、相信心灵的力量 ……………………………………… 36
　　01　成功不得意,失败不失意 …………………………… 37
　　02　学会调适自己的心态 ……………………………… 40
　　03　顺境乘风,逆境破浪 ……………………………… 42
　　04　拿出勇气和信心 …………………………………… 45
　六、正确认识自己,发挥自身优势 ……………………… 47
　　01　发现自己的优势 …………………………………… 47
　　02　善于经营自己的长处 ……………………………… 49
　七、勇敢面对失败 ………………………………………… 51
　　01　积极迎接失败的挑战 ……………………………… 52
　　02　既要赢得起,也要输得起 ………………………… 54
　　03　失败并不可怕,退缩才可耻 ……………………… 56
　　04　失败也是一个机会 ………………………………… 58

第二章　如何在职场交往中识别他人的心理

　一、如何获得他人的好感 ………………………………… 62
　　01　关注对方的喜好,满足对方的愿望 ……………… 62
　　02　与人建立友好的信任关系 ………………………… 64
　　03　迎合之下不可失了骨气 …………………………… 66
　二、宽厚待人,才能广结人缘 …………………………… 68
　　01　要想人敬己,先要己敬人 ………………………… 68
　　02　学会换位思考 ……………………………………… 71
　　03　沉默是金 …………………………………………… 74
　三、适度地妥协胜过一味地坚持妥协 …………………… 76
　　01　由浅入深易,由深入浅难 ………………………… 76
　　02　示弱并不等于懦弱 ………………………………… 79
　　03　自嘲是一种智慧 …………………………………… 81
　四、拉近心与心的距离 …………………………………… 83

  01 少说多听 ………………………………………… 83
  02 善用沉默的力量 ………………………………… 86
  03 聆听是礼貌和尊重 ……………………………… 88
 五、学会灵活回避正面冲突 …………………………… 91
  01 如何获得对方的信任 …………………………… 91
  02 灵活运用"假设"的力量 ………………………… 93
  03 公平待人 ………………………………………… 95
  04 如何巧避锋芒 …………………………………… 97
 六、利用迂回的沟通之道，确定自己的主导地位 …… 99
  01 巧妙安排话题的顺序 …………………………… 99
  02 巧妙应用委婉的手段 …………………………… 102
  03 用赞美取代批评 ………………………………… 104
  04 给他人足够的尊重 ……………………………… 106
  05 背后夸人，更胜一筹 …………………………… 109
 七、善用友谊的力量 …………………………………… 112
  01 尽量让对方说"是" ……………………………… 113
  02 学会运用正面强化的魔力 ……………………… 114
  03 用"过望"的回报赢得对方的友好 ……………… 117
  04 巧妙利用对方的弱点获取信任 ………………… 118

第三章 职场交际心理学中的识人智慧

 一、学习知人之法，让自己成为智慧之人 …………… 122
  01 运用辩证法看透对方心理 ……………………… 122
  02 读人如读书 ……………………………………… 124
  03 如何识人 ………………………………………… 127
 二、一眼便知他人心理 ………………………………… 129
  01 由外及内，从表即里观察 ……………………… 129
  02 看穿对手类型 …………………………………… 131
  03 看清人的本性 …………………………………… 134
 三、察言观色，透视他人心理 ………………………… 137

	01	通过声音了解人的心理	138
	02	身体的姿态暴露人的心理	140
	03	揭开虚伪的面纱	142
	04	通过闲谈看穿人心理	145
	05	大处着眼,小处入手	146

四、先知性格,而后知人心理 … 149
    01 观其本质,察其为人 … 149
    02 通过饮食习惯察其性格 … 154
    03 通过睡床样式观其性格 … 156

五、细节识人,看其本质 … 158
    01 细节可知其真实心理 … 158
    02 琐事可知其本质 … 161
    03 通过开车习惯了解人 … 163

六、观其穿着,由表及里 … 166
    01 由穿衣风格判别其为人 … 166
    02 通过衣饰颜色观其内心 … 171
    03 通过鞋子样式看人心理 … 172

七、细观办事风格,看透真实心理 … 174
    01 看懂心理,办事容易 … 175
    02 多见面以增加好感度 … 177
    03 打破常规,出奇制胜 … 178

八、看其做人态度,把握交往尺度 … 181
    01 识人先识品德 … 182
    02 人之秉性体现人性 … 183
    03 处事之道贵在将心比心 … 187

九、细品社交表现,透视人心理真伪 … 189
    01 注意第一印象 … 189
    02 握手力度,看其心理活动 … 192
    03 如何识破对方谎言 … 194

第一章

行走职场，从塑造自我开始

世界上最可怕的不是敌手，而是你自己。在你的生活中，有一个人需要你的支持、鼓励和理解，有一个人是你最可信赖的人，这个人就是你自己。因此，认识自我，了解自我，是行走职场时一件非常重要的事情。

一、学会调适心态

职场永远是变化无常的,我们每天都可能面临改变和挑战,有些人面对这种状况便意志开始崩溃、思绪开始不宁,渐渐他们迷失自己,漠视自己的能力,遇到小小失败就不再前进。人之所以会这样,正是由于没有一个好的心态。面对同样一件事,你可以欢乐满天,也可以忧愁满地,这完全取决于你的心态。

01 重要的是现在和未来

每个人都有怀旧的心理,即使嘴里高喊着向前看,眼睛还是会不由自主地瞄向已经过去的日子。绝大多数人对新事物的接受会表现出一种羞羞答答的心态,直到新事物不再新鲜,再用一种怀旧的或恍然大悟的口吻来评说。客观地分析,向后看既是对过去的留恋,也是对现实的迷惘和不满。

在纽约市一所中学任教的保罗博士曾给他的学生上过一堂难忘的课。这个班多数学生为过去的成绩感到不安。他们总是在交完考卷后充满了忧虑,担心自己不及格,以致影响了下阶段的学习。

一天,保罗在实验室里讲课,他先把一瓶牛奶放在桌上,沉默不语。学生们不明白这瓶牛奶和所学的课程有什么关系,只是静静地坐着,望着老师。保罗忽然站了起来,一巴掌把那瓶牛奶打翻在水槽中,然后他在黑板上写了一行字:"不要为打翻的牛奶哭泣。"接着,他叫学生们围到水槽前仔细看一看,说:"我希望你们永远记住这个道理,牛奶已经淌光了,不论你怎样后悔和抱怨,都没有办法取回一滴。你们要是事先想一想,加以预防,那瓶牛奶还可以保住,可是现在晚了,我们现在所能做的,就是把它忘记,只注意下一件事。"

是啊!无论你怎样痛惜,牛奶都无法归原于杯中,所以,"哭泣"又是何苦呢！

我们都有过某种重要或心爱的东西失去的经历，其大都在我们的心理投下阴影。究其原因，那就是我们并没有调整心态去面对失去，没有从心理上承认失去，总是沉湎于已经不存在的东西，没想到去创造新的东西。与其抱残守缺，不如就地放弃。普希金在诗中说："一切都是暂时，一切都会消逝，让失去变得可爱。"失去不一定是损失，也可能是获得。有些人终日为过去的错误而悔恨，为过去的决策失误而惋惜，沉溺于过去的错误之中，是事业成功的一大障碍。

心理学感言

既然事情已经过去，就不要再耿耿于怀。调整好心态，勇敢地面对现在和未来。要知道，悔恨过去，只会损害眼前的生活。不要让"打翻的牛奶"潮湿了我们的心情，我们还有很多事要做，我们没有理由因为这件事而拒绝这一天的生活，相反，我们应该将这天的生活过得平静而恳挚，这样才会有丰盈的过去，也才能开创未来。

02 宽容是告别"心苦"的最佳处方

宽容是一种博大，它能包容人世间的喜怒哀乐；宽容是一种境界，它能使人跃上大方磊落的台阶。只有宽容，才能"愈合"不愉快的创伤；只有宽容，才能消除人为的紧张。

为了生活，为了工作，为了房子，为了票子，几乎每个人都有着不小的压力。学会宽容，是让你告别"心苦"的最佳处方。

法国作家拉封丹曾写过这样一则寓言《南风和北风》，说的是：一天，北风和南风比赛看谁的威力大，谁可以先让行人将身上的大衣脱掉。北风使劲吹向行人，希望能将行人的大衣吹掉，结果却恰恰相反，行人为了

职场必备的心理学

抵御北风的侵袭,反而把大衣裹得更紧了。而南风轻轻吹拂,让行人觉得温暖,所以行人因为天热而解开纽扣,脱掉了大衣。最终,南风获得了胜利。

这就是心理学上所说的"南风效应"。它表明在交际中应注意方法,宽容、心平气和有时候要远远胜于严厉。

学会宽容,意味着你不再心存疑虑。

法国19世纪的文学大师维克多·雨果曾说过这样一句话:"世界上最宽阔的是海洋,比海洋宽阔的是天空,比天空更宽阔的是人的胸怀。"雨果的话虽然浪漫,却也不无现实启示。

在职场中,当没有缘分的"对手",出于内心的丑恶在你背后说坏话做错事时,你是想伺机报复,还是宽容?当你亲密无间的朋友,无意或有意做了令你伤心的事情时,你是想从此分手,还是宽容?冷静地想一想,还是宽容为上,这样于人于己都有好处。

有人说宽容是软弱的象征,其实不然,有软弱之嫌的宽容根本称不上真正的宽容。宽容是人生难得的佳境——一种需要操练、需要修行才能达到的境界。

心理学家指出:适度的宽容,对于改善人际关系和身心健康都是有益的。

大量事实证明,不会宽容别人,亦会殃及自身。过于苛求别人或苛求自己的人,必定持紧张的心理状态。由于内心的矛盾冲突或情绪危机难于解脱,极易导致机体内分泌功能失调,诸如使儿茶酚胺类物质——肾上腺素、去甲肾上腺素过量分泌,引起体内一系列劣性生理化学改变,造成血压升高、心跳加快、消化液分泌减少、胃肠功能紊乱等,并可伴有头昏脑涨、失眠多梦、乏力倦怠、食欲不振、心烦意乱等症候。紧张心理的刺激会影响内分泌功能,而内分泌功能的改变又会反过来增加人的紧张心理,形成恶性循环,贻害身心健康。有的过激者甚至失去理智而酿成祸端,造成严重后果。而一旦宽恕别人之后,心理上便会经过一次巨大的转变和净化过程,使人际关系出现新的转机,诸多忧愁烦闷可得以避免或消除。

宽容,意味着你不会再为他人的错误而惩罚自己。

气愤和悲伤是追随心胸狭窄者的影子。生气的根源不外是异己的力量——人或事侵犯、伤害了自己(利益或自尊心),就是认定别人做错了,于是勃然作色,恶从胆边生;咬牙切齿,怒从心头起。凡此种种生理反应无非是在惩罚自己,而且是因为他人的错误!显然不值。

宽容地对待你的敌人、仇家或对手,在非原则的问题上,以大局为重,你会得到退一步海阔天空的喜悦,化干戈为玉帛的喜悦,人与人之间相互理解的喜悦。要知道你并非踽踽单行,在这个世界里,我们各自走着自己的生命之路,纷纷攘攘,难免有碰撞,所以,即使心地最和善的人也难免会伤别人的心,如果冤冤相报,非但抚平不了心中的创伤,而且只能将伤害者捆绑在无休止的争吵战车上。

心理学感言

穿梭于茫茫人海中,面对一个小小的过失,常常一个淡淡的微笑,一句轻轻的歉语,带来包涵谅解,这是宽容;在人的一生中,常常因一件小事、一句不注意的话,使人不理解或不被信任,但不要苛求任何人,以律人之心律己,以恕己之心恕人,这也是宽容。所谓"己所不欲,勿施于人"也寓理于此。

03　认清自我，知足常乐

　　人们对事物一味理想化的要求导致了内心的苛刻与紧张，生活也不会单纯因为人的主观意识而发生改变，我们要顺其自然，不要去强求生活。

　　我国古代南朝的中书令王僧达，从小聪明伶俐，但却养成了不知检点的毛病。孝武帝即位时，他被提拔为仆射，位居孝武帝的两个心腹大臣之上。王僧达也因此更加自负，以为自己在当朝大臣中无人能及。他在朝时间不长，就开始觊觎宰相的位置，并时时流露出这一情绪。谁知，事与愿违，就在他踌躇满志之时，却被降职为护军。此时，他并没有醒悟，仍惦记着做官，并多次请求到外地任职。这又惹怒了皇上，他被再次贬职。这回，他因羞成怒，对朝政看不顺眼，所上奏折，言辞激昂，最终被人诬为串通谋反而被赐死。

　　王僧达的死，究其原因在于其不知足。因为，按照他的年龄、资历，没几年就升到仆射一职，已属不易了。可他竟想入非非，以为"一人之下，万人之上"的宰相非他莫属了。岂料，有许多事情的发展是不以人的意志为转移的。于是，一个筋斗使他从云雾中翻落下来，真正遭到灭顶之灾。可以说，是追名逐利的贪心葬送了王僧达的性命。

　　人生是否快乐，关键看你是否知足。知足常乐，那些总认为别人的东西都是好的人，是永远没有快乐的。一个人在生活中能不过分注意缺憾，知道世上没有十全十美的东西，就会快乐无比。否则，总持抱怨之心，何处不是阴云淫雨、烦恼不尽。

　　生活在世上，每个人的活法各不相同。面对同一个客观环境和自然条件，为什么有的人活得痛苦，有的人活得轻松呢？这其中，除了禀赋差异外，就是聪明人懂得调整个人与客观环境的关系，审时度势，超然处世，顺应自然。智者顺时而成功，愚者逆理而失败。

　　顺应自然，有人认为是一种糊涂，但是，只要抛弃自己迷乱的思想，就能真正发挥具有自主性的自我，这并非如宿命论所言的听其自然。

人对待生活,如果能将自己与自然合二为一,顺应自然地度过人生,那就必定能达到人生无忧无虑的最高的"糊涂"境界。

心理学感言

在漫长岁月中,每个人都会面临无数次的选择,这些选择可能会使我们的生活充满无尽的烦恼和难题,使我们不断地失去一些我们不想失去的东西,但同样是这些选择却又让我们在不断地获得。我们失去的,也许永远无法补偿,但是我们得到的却是别人无法体会到的、独特的人生。因此,面对得与失、成与败,要坦然待之,凡事重要的是过程,对结果要顺其自然,不必斤斤计较,耿耿于怀。

04 专一之心造就成功

春秋时期,楚国有个大司马一生都很喜欢好剑,一位专为他造剑的工匠尽管八十多岁了,但打造出的剑依然锋利无比,光芒照人。

"您老人家年事已高,剑仍旧造得这么好,是不是有什么窍门?"大司马赞叹老匠人高超的技艺。老工匠听了主人的夸奖,他告诉大司马说:"我20岁时就喜欢造剑,造了一辈子剑。除了剑,我对其他东西没有兴趣,不是剑就从不去细看,一晃就过了六十余年。"

大司马听了老工匠的话,更是钦佩他的精神。虽然他没有谈造剑的窍门,但他揭示了一个道理:他专注于造剑技艺,几十年如一日,专一的追求使他掌握了造剑工艺,进而达到一种高妙的境界。有了这样的工匠精神,哪有造剑不锋利、不光亮的?

世上无难事,只怕有心人。精湛的技艺,丰硕的收获,事业的成功,都

是靠专心致志、终生追求而取得的。

有位钓鱼高手名叫詹何,他的钓鱼技术与众不同:钓鱼线是一根蚕丝绳,钓鱼钩是用细针弯曲而成,钓鱼竿则是楚地出产的一种细竹,钓饵是用剖成两半的小米粒做成,用不了多少时间,詹何便可从湍急的百丈深渊中钓到一大车的鱼!而他的钓具呢?钓鱼线没有断,钓鱼钩也没有直,甚至连钓鱼竿也没有弯!

楚王听说了他的高超钓技,十分称奇,便将他召进宫来,询问垂钓的诀窍。詹何答道:"从前楚国有个射鸟能手,名叫蒲且子,他用拉力很小的弱弓,将系着细绳的箭矢顺着风势射出去,一箭就能射中两只正在高空翱翔的黄鹂鸟。这是由于他用心专一、用力均匀的结果。于是,我学着用他的这个办法来钓鱼,花了5年时间,终于完全精通了这门技术。每当我持竿钓鱼时,总是全身心地专注钓鱼,其他什么都不想,排除杂念。抛出钓鱼线、沉下钓鱼钩时,做到手上用力不轻不重,丝毫不受外界环境的干扰。这样,鱼儿见到我渔钩上的钓饵,便以为是水中的沉渣和泡沫,于是毫不犹豫地吞食下去。我就这样轻而易举地让鱼儿上钩了。"

这个故事告诉我们,无论做什么事情,都需要专心致志,心无旁骛。一心一意才能发挥人最大的潜力。

心理学感言

我们可以怀抱美好的梦幻、伟大的理想,但饭要一口一口地吃,事要一步一步地做。要达到伟大的理想,首先就要脚踏实地、认认真真、专心致志地做好每一件事。而不是处处挖井,三天打鱼,两天晒网。否则,就只能一无所获。

二、塑造他人眼中自我的优秀形象

大多数人都很注重自己的形象,特别是自己在别人眼中的形象。正是基于此,我们才过多地关注自己,由表面的形象到内在的文化修养,都是我们关注的焦点。一个人,要想有好的人际关系,就必须有好的形象。只有得到别人的认可,你才能在社会上立足。所以,你在他人眼中的形象尤为重要。

01　自我中心意识要不得

在现实生活中,有些人习惯以自我为中心,总把自己看得太重,而偏偏又把别人看得太轻。总以为自己博学多才,满腹经纶,一心想干大事,创大业;总以为别人这也不行,那也不行,唯独自己最行。一旦失败,就会牢骚满腹,觉得自己怀才不遇。自认怀才不遇的人,往往看不到别人的优秀;愤世嫉俗的人,往往看不到世界的精彩。把自己看得太重的人,心理容易失衡,个性往往脆弱却盛气凌人,容易变得孤立无援,停滞不前。

把自己看得太重的人,常常难以理智:总以为自己了不起,不是凡间俗胎,恰似神仙降临,高高在上,盛气凌人;总以为自己是能工巧匠,别人是个臭皮匠,唯有自己最行;总以为自己工作成绩最大,记功评奖应该记到自己头上,稍不遂意就牢骚满嘴……

看轻自己,是一种风度,是一种境界,是一种修养。把自己看轻,需要淡泊的志向,旷达的胸怀,冷静的思索。

布思·塔金顿是20世纪美国著名小说家和剧作家。一次,布思·塔金顿参加红十字会举办的艺术家作品展览会。会上,一个小女孩让布思·塔金顿签名,布思·塔金顿欣然接受了,他想,自己这么有名。但当小女孩看到他签的名字不是自己崇拜的明星的时候,小女孩当场就把布思

·塔金顿的留言和名字擦得一干二净。布思·塔金顿当时很受打击,那一刻,他所有的自负和骄傲瞬间化为泡影。从此以后,他开始时时刻刻地告诫自己:无论自己多么出色,都别太把自己当回事!

名人尚且如此,何况我们这些平凡之辈?或许,你听到的那些夸赞的话语,只不过是这场游戏中需要的一句台词而已。等游戏结束,你应该马上清醒,摆正自己。我们应该知道,我们只不过是在扮演生活中的一个角色罢了。曲终人散后,卸下所有的装备,你会发现剩下的只有满身的疲倦,所有的掌声、鲜花、微笑都只不过是游戏中必备的道具。

加强自我修养,充分认识到自我中心意识的不合理性及危害性。学会控制自我的欲望与言行。把自我利益的满足置身于合情合理、不损害他人的可行的基础之上。做到把关心分给他人,把公心留给自己。

心理学感言

把自己看得太重的人,容易使自己心理失衡,个性脆弱,意志薄弱;容易使自己独断骄横,跋扈傲慢,停滞不前。从自我的圈子中跳出来,多设身处地地替他人着想,以求理解他人,并学会尊重、关心、帮助他人。这样,才可获得别人的回报,从中体验到人生的价值与幸福。

02　打造自己的不可替代性

真正的聪明人宁愿人们需要他,也不让别人敬而远之。因为,别人有求于你,便能铭记不忘。与其让别人对你彬彬有礼,不如让别人对你有依赖之心。把自己的命运与他人的命运绑在一起,他人又怎能加害于你呢?

法国国王路易十一酷好占星学,在宫廷里供养了几位占星师,其中有一个人他非常佩服。

一天,这名占星师预言一名贵妇将在三日内死亡。大家不以为然,但预言果然成真了——贵妇人真的在三日内死亡了。

大家都十分震惊,路易也吓坏了。他想,如果不是占星师谋杀了贵妇来证明他预言的准确性,就是占星师的法力实在太高深了。这已经威胁到了路易本人,无论是哪一种情况,占星师都难逃一死。

一天晚上,国王召见占星师。之前,国王告诉埋伏在周围的侍卫们,一旦他给了暗号,就冲出来杀死占星师。

不久,占星师到了,在下达暗号之前,国王决定问他最后一个问题:"你声称了解占星术而且清楚别人的命运,那么告诉我,你自己的命运如何,你能活多久?"

"我会在陛下驾崩的前一天去世。"聪明的占星师回答说。

听了这番话,路易十一一直没有发出暗号。这名占星师不但保住了性命,而且还得到了国王的全力保护。此后,国王聘请高明的宫廷医生照顾他,占星师一生享尽了安康和奢华的生活。

占星师的高明之处在哪儿?在于他让路易十一依赖自己,让自己的地位不可替代。

在职场,与老板或同事相处时,你也可以采用同样的方法。

何先生刚离开了他整整奋斗了 10 年的公司,他今年才 38 岁。

10 年前,何先生来到这家很小的电器行工作。他忠诚能干,很得老板的器重;而何先生也颇有"士为知己者死"的豪气,每天拼命工作。老板将一切看在眼里,并没有亏待他,二人情同手足,公司的情况也一天比一天好。

第一章　行走职场，从塑造自我开始

> 既然要当秘书，就要当最出色的秘书。

后来，公司的业务扩大了，开始进口国外家电，何先生花了几乎大半年的时间建立了全国的经销网。老板看何先生如此辛苦，非常满意，给他的待遇和红包也比以前多很多。

三年后，公司开始稳定成长。在老板的指示下，何先生将很多重要的工作移交出去，成为一个"德高望重"的"元老"。何先生也对老板的安排非常满意，因此开始有空出国散心。

可惜好景不长，半年后，老板将一张支票放到何先生的桌上，要求他离开这家公司。虽然何先生不情愿，可也不得不离开。

老板之所以会解雇何先生，就是因为对于老板来说，何先生已经不是他所需要的了。没有哪个人会愿意继续花高薪给一个他并不需要的人。

在职场，像何先生这样的经历每天都会上演。其实，如果何先生能够了解老板的心理，能够采取巧妙的方式努力工作，让老板感到需要他，或是少了他公司就无法运作，相信他的地位就会变得不可代替，从而避免被炒鱿鱼的命运。

心理学感言

如果你想在竞争激烈的职场中站稳脚跟，成为老板依赖的人，那你就必须牢记：为公司赚到钱才是最重要的。并立即动手改善你的工作，使自己成为老板依赖的人，成为公司不可替代的人。

无论在什么时代，无论在任何地方，想要保证两个人的关系顺利发展，关键是要让对方依赖自己，并维持别人对自己的依赖心理。让他对你有所渴求，让他离不开你，觉得失去你是他的重大损失。

03　敢于表现，善于表现

中国有句老话"酒香不怕巷子深"，我们一直坚信，只要我们有能力就不会没有用武之地，只要是金子到哪里都可以发光。可是，现在的社会是一个竞争的社会，如果我们总是缩手缩脚，不敢大胆表现自己，很多建功立业的机会就会与我们擦肩而过，留下不少遗憾。

人们常说"是骡子是马，拉出来遛遛"。这"遛遛"就是检验是否有真才实学的过程，也是表现或展示自己的机会。"表现自己"是建立在一定的能力、勇气和胆识基础上的自信之举。当今社会发展日新月异，各种机遇稍纵即逝。与其等待伯乐来相马，不如不扬鞭而自奋蹄，寻找机遇、抓住机遇，充分展示自己的才能。

在职场中，每个人都要学会展示自己，学会宣传自己。简单地说，宣传就是为自己营造一个光环，让人们对你产生更好的印象。人的认识活动有一种"润泽性"，比如一个人的某一品质被认为是好的，他就被一种积极的光环所笼罩，反之，就被赋予在惯性的思想深处，这就是"光环效应"。

记住：酒香也需要勤吆喝！

表现自我绝对不是什么错。这世上如果没有了"表现"，恐怕也就没有天才和蠢才的区分了。

一位在外企只工作了4年就做到公司高级副总裁的女性，有人问她怎样才能在一个公司飞速攀升？她说当然要靠能力。不过这个能力不是通常意义上的"真才实学"，而是指善于表现的能力。

人在旅途，光能"敢于表现"是不够的，还需要"善于表现"，不要让人感觉自己的表现欲过强。

有个人在名片的官职上印了一个"副处长""副处长"，这本来没什么，糟糕就糟糕在他在"副处长"之后，还加了一个括号，写着"本处没有正处长"。他的本意是突出他这个"官"的价值，结果却起了相反的效果：别人都认为他太"官迷心窍"了。

如果对方认为你的表现欲过强，认为你的一举一动都是为了表现，他们反而会轻瞧了你。还会认为你在"弄虚作假"，人们最不喜欢不坦诚的人，觉得这种人不可交、不可信。

所以，一旦有机会，就要用一种间接、自然的方式彰显自己的才干或成就。如果不习惯自我推销，也可请别人从客观的角度助一臂之力。你会发觉，不露痕迹地让人注意到你的才干及成就，比敲锣打鼓地自夸效果更好。

当我们在表现自己的时候，也要给同事表现自我的机会。现代人比较注重人际关系的技巧，却最容易忽略人际交往的基本原则：平等与相互尊重。如果在人际交往中，总想通过高超的技巧来战胜别人、征服别人、压制别人的话，结果经常是事与愿违，造成身边的人纷纷离去，不再与我们做朋友。

现实的逻辑是，如果你总以自己为"主角"，把他人当"观众"，则这台戏是唱不久的。别人会拆你的台、冷你的场，让你孤零零地唱"独角戏"。试想，你连一个观众都没有了，还表现给谁看呢？

一种有效的做法是：在自己争取表现机会的同时，也要注意给别人机会。不仅要当一个发言者，也要耐心倾听别人，让人感到被尊重和接纳。

他人的尊重和自身的价值是在人际互动之中实现的,而不是自己独立表现的结果。

心理学感言

在惯性的思想深处,我们一向以"谦逊"为美德,不习惯大大方方地"宣扬"自己,同时对他人的"争强好胜之心"也存有非议。其实人生是一个发展的过程,它包含着两个相互联系、相互渗透的方面,一个是建构自己,它是指对自身的设计、塑造和培养;另一个是表现自己,也就是把自我价值显现化,获得社会的实现和他人的承认。

三、找准自己的位置,面对真实的自我

不同的时间,不同的环境,要求我们扮演着不同的人生角色。在人生的台前幕后,有时需要我们唱主角,有时需要演配角。演主角时要当仁不让,尽心尽力;演配角时要甘做人梯,决不抢戏。而要演好自己的角色,必须找准自己的位置。这样,才能有的放矢地做好自己。

01　活出自己的特色

德国哲学家莱布尼茨说过,世上没有两个完全相同的事物,哪怕是孪生兄弟都会有区别。经过科学论证也的确如此。就拿我们的手来说,世界上没有一双手是相同的,因为每个人的指纹都是不一样的。任何自然形成的事物都有着与众不同的地方,任何生命都有自己独特的个性。"一花一世界",正因为个性的存在,才构成了形形色色的生命,才有了七彩斑斓的社会,一个人如若失去个性,生命的意义将是一片空白。找出自己的

兴趣所在，找到一份自己喜欢的工作，活出真实的自我，这样才不枉在人世上走一遭。

保罗出生在一个大家庭里，这个家庭在蒙大拿州成功地经营着一座奶牛场，至今已有三代。同邻居、朋友们一样，保罗也热爱土地和牲畜。他十分看重农场生活，打算长大后继续从事畜牧业。他在附近的一所学院中学习农业管理，放假期间就在农场上做工。

自从保罗在学院选修了一门潜水课之后，他的生活目标便发生了变化。他曾在学校的游泳池和一条宽阔的河流中做过潜水练习；他还跨过两个州到海边去训练。保罗从未学习过游泳，他所面临的主要挑战是：课程要求学员能游1.6千米的距离。他不得不选修了一门游泳作为辅助课程，还每天坚持跑步（这不是他喜好的运动项目），以便能够达到通过考试所需的体能要求。

保罗童年时代曾看过雅克·库斯托在电视上主持的海底世界节目，这给他留下了深刻的印象。这位法国海洋地理学家在海底似乎比在陆上更加安然，他在海底的探险活动以及他的发明深深地打动了保罗。保罗开始越来越多地思考着这个迷人的王国。他阅读着能够到手的每一本有关海底世界的图书；为了满足日益增长的兴趣，他还另外订购了有关的文学作品。他梦想着有朝一日能到有珊瑚礁的水域探险，识别那些美丽、奇特的鱼种。他以惊奇、赞叹的心情谈论着大海，对大海的知识也在不断增长。他急切地盼望着能到热带水域探险。春假期间，他取出自己的积蓄，乘飞机到开曼群岛去潜水——这次探险为他展示了一个崭新的世界。

保罗的家人认为，他的这个爱好不过是暂时的兴趣，就像其他人一样，几年之后就会过去的。然而，当保罗着手调查美国的潜水学校时，家人们开始有些担心。保罗的兴趣与他们的生活毫无关联，因而，他们怀疑他的兴趣是否可行。他们很爱保罗，但他们把保罗的爱好看作是异想天开，只会浪费钱财。跟其他许多年轻人一样，保罗对家庭怀着很深的爱与珍惜，十分看重家人的意见。由于志向与家人的意见尖锐对立，他感到十分痛苦。另外，潜水学校远离家乡，要去求学，他肯定会想家的。

最后，他终于做出决定：他选择了一所他认为最好的学校，寄出了他的入学申请。学费十分昂贵，为了积攒学费，他不得不努力打工。他生活

17

职场必备的心理学

得十分简朴,以便尽快攒够学费。由于很少有人理解他和支持他,他知道,他被人视作"特别的"人。随着时光的流逝,他遇到过种种挫折,学业一再拖延。有多少次,他的梦想似乎离他远去。他怀疑是否环境在告诫自己应放弃理想,去寻求更"现实"一些的人生目标。然而,他清楚地知道自己的理想是什么,并努力地坚持着。

三年过去了,保罗终于进入了潜水学校。他学习十分刻苦,以优异的成绩完成学业,并优先获得学校的举荐,在巴哈马群岛的一处旅游胜地做潜水员。他在那里取得了宝贵的实践经验,又被聘回母校做教员。

在有了一段教学经验之后,他有了教练资格。教学之余,保罗还学习其他课程,他又发现自己对海洋科学的兴趣,这给他开辟了广阔的发展前景。

他的成功经过进一步充实,又引来新的成功。在他 27 岁这一年,人们已将他视为这个领域的顶尖人物。他不仅继续从事教师职业,还给报刊撰写文章;他与人合伙开办了一家潜水用具商店,到各地去做商业性表演;他给自己配备了全套的潜水设备,并且成为卓有建树的水下摄影师。他接受来自世界各方面的邀请。他感到,如今他可以去任何想去的地方,他的工作十分愉快,也拥有很多的朋友。他的家人都为他的成就感到自豪,他也经常回去看望他们。他也许有些"特别",但他却是他们所认识的人当中,最有趣最幸福的一个!

这个例子说明,我们应将自己的全部注意力集中到某一点上,就像让阳光通过火镜集中到一点,直至达到燃点。某种强烈的愿望一旦被"聚光",就将发挥巨大的威力,展示出你的愿望和理想的光辉。甚至,困难本身也会为我们提供克服的力量。

每个人只有一次生存的机会,都是独一无二、不可重复的存在。正像卢梭所说的,上帝把你造出来后,就把那个属于你的特定的模子打碎了。名声、财产、知识等都是身外之物,人人都可求而得之,但没有人能够代替你对人生的感受。去世后,也没有人能够代替你再活一次。如果你真正意识到了这一点,你就会明白,活在世上,最重要的事就是活出自己的特色和滋味来。你的人生是否有意义,衡量的标准不是你取得了多少财富,而是你对人生意义的独特领悟和个性的坚守,从而使你自我闪放出个性的光华。

心理学感言

我们应遵从内心的指示,对于自己的理想要有决断力,并根据当时的认识水平选择达到人生目标的最佳途径。

02 正视自己的生活

正视自己的生活才会不断对自己提出新的目标和方向。有位哲人说:"希望是生命的源泉,没有了希望,生命之树就会枯萎。"

在辽阔的非洲大草原上,当黎明的曙光刚刚划破夜空,一只羚羊从梦中猛然惊醒,"赶快跑!"它想到,"如果跑慢了,就可能被狮子吃掉。"于是,起身就跑,向着太阳飞奔而去。

就在羚羊醒来的同时,一只狮子也醒了,"赶快跑!"他想到,"如果跑慢了, 就可能被饿死。"于是,起身就跑,也向着太阳跑去。一个是自然界兽中之王,,一个是食草的羚羊,等级差异,实力悬殊,但面临的是同一个问题:为了生存而奋斗!

职场必备的心理学

生命只有一次,如果你以同样的道理把每次将遇到的冲锋也都当作只有一次机会,胜利就在眼前!正视自己,能大胆地面对自己的失败,这也是种勇气。如果这样的勇气都没有,就真的是败在了自己的手上!战胜不了自己,就永远不会是生活的强者。

你的人生中你是个强者。

要成为强者,学会正视自己。不能或不敢正视自己的人,充其量也只是生活中的一个懦夫而已。生命只有一次,在这有限的时间内,希望你能成为生活中的强者,工作中的强者。

人都在为了自己的未来而不懈地奋斗着,无论他们怎样看待自己的生活,无论他们怎样面对今天的生活,生活需要的不是施舍而是追求,生命需要的不是恐惧,而是不断的冲刺,是短暂休息之后的勇猛的冲刺,我们需要解脱,我们需要把自己的生活尽情地挥洒在阳光下面,我们是独一无二的,我们是优秀的,我们要面对生活,我们要生存下去,我们要把一生的命运在短暂的时光中尽情绽放,我们的激情霎那间变成了金灿灿的果实,我们最终胜出了。

成功,让我们痴迷,未来,让我们追求,并不懈地前行!

在人生这个大舞台上,上苍赐予每个人的时间、健康、机运、幸福、困苦都是平等的,不同的便是这种赐予的次序不同。

倘若一个人先得到的是困苦,那么通过对命运的不屈而努力,幸福就会在不远处等待;倘若相反,困苦就会在不远处迎接。所以,任何一种悲哀的人生道路都是自己选择的,都没有任何的理由和借口来为你的懒惰开脱。否则,路还会越走越窄!所以,正视自己,正视自己的现状,不要再给自己理由和借口。累、烦、寂寞、失落……每个凡胎俗子都会有,有些人坚持下来了,便走出了阴霾;有些人妥协放弃或给自己重新来过的机会,那么他便一生都生活在自己那些泡沫的希望当中!

生活给予的也许是一个又一个令人并不满意的结果,我们与其一直沉浸在自我沮丧的生活中,不如选择一个合适的路走下去,让美好的生活重新绽放出火焰,我们需要释放,不是单纯的敲敲打打,需要的是强烈的劲爆的释放,让身上所有的细胞都活动起来,让一切看似不尽人意的细胞都在此得到解脱。"缘分是上天所赐的;快乐是要自己找的;欢笑是朋友带来的;幸福是靠自己争取的;烦恼是用智慧自解的。"是啊,人生在世,离开了自己的努力,又从何谈起呢?

心理学感言

正视自己,正视生活。俗话说:"知己知彼,百战百胜。"了解自己的所需所想所要追求的目标与理想,才能更好地把握生活,把握冥冥之中似乎已经注定的一切。不再强迫自己去对一切都不在乎,更不再将自己的行为准则强加在别人身上。不再逼自己成为别人希望看到或看到会如何如何的样子。因为我们的人生就这么一次,仅这么一次!

03　命运掌握在自己手中

在这个世界上,只有一个人可以改变和决定我们的命运,这个人就是我们自己。命运掌握在自己的手里。

在这个世界上,没有什么事情是不可以改变的,美好、快乐的事情会改变,痛苦、烦恼的事情也会改变。曾经以为不可改变的事,许多年后,人们就会发现,其实很多事情都已经改变了。而改变最多的,就是自己。不变的,只是小孩子美好天真的愿望罢了。

成功需要一个健康的心态,没有一个健康的心态,早晚会出问题,甚至会让成功变成昙花一现。如果我们想改变自己的世界,改变自己的命运,改变自己的未来,那么首先应该改变自己的心态。只有心态是健康的,我们的世界才会是光明的。改变心态才能改变命运,有良好的心态才会有幸福的人生。

一次火灾事故中,消防队员从废墟中找出了一对孪生兄弟——李勤和李乐。他们是此次火灾中仅存的两个人。

兄弟俩在这次火灾中被烧得面目全非。弟弟整天对着医生唉声叹气:"自己变成了这个样子以后还怎么去见人,还怎么养活自己? 与其赖

职场必备的心理学

活着,还不如死了算了。"哥哥努力地劝弟弟说:"这次大火只有我们得救了,因此我们的生命显得尤为珍贵,我们的生活最有意义。"

兄弟俩出院后,弟弟还是忍受不了别人的讥讽偷偷地服了安眠药离开了人世。而哥哥李勤却艰难地生存了下来,无论遇到什么样的冷嘲热讽,他都咬紧了牙关挺了过来,他每次都暗自提醒自己:"我的生命的价值比谁都高贵。"

有一天,李勤在雨中看到不远的一座桥上站着一个人。那个人要自杀,但连续三次从桥上跳入河中都被李勤救了起来……

谁知,李勤这次救下的人是一位亿万富翁,这个富翁很感激李勤的救命之恩,就和他一起干事业……几年后李勤用自己挣来的钱做了整容。

在相同的境遇下,不同的人会有不同的命运。一个人的命运不是上天决定的,也不是别人决定的,而是由自己决定的。在人生的风雨之中,我们都难免遭到风吹雨打,但是,我们必须拥有抵抗风雨的勇气与能力。有时候,命运是故意要制造一些风风雨雨来考验我们。所以,我们随时都要有迎接考验的准备,并敢于向命运挑战。缺憾应当成为一种促使自己向上的激励机制,而不是一种宽恕和自甘沉沦的理由。

心理学感言

心态是我们真正的主人,它能使我们成功,也能使我们失败。同一件事由具有两种不同心态的人去做,其结果可能截然不同。心态决定人的命运,不要因为消极心态而使自己成为一个失败者。要知道,成功永远属于那些抱有积极心态并付诸行动的人。你不能左右天气,但你可以改变心情;你不能改变容貌,但你可以展现笑容;你不能控制他人,但你可以掌握自己!

04 认识自己,找准位置

善于体察别人的人智慧,能够认识自我的人高明;善于战胜别人的人威武,能够战胜自我的人坚强。

了解别人,慧眼识人,这种人了不起,但识人有术,只有真正能够了解自己的人才是智者。

在古希腊帕尔索山上的一块石碑上,刻着这样一句箴言:"你要认识你自己。"卢梭称这一碑铭:"比伦理学家们的一切巨著都更为重要,更为深奥。"显然,正视自己是至关重要的。

汉文帝是个很有作为的皇帝,他敬重老臣陈平、周勃,得到了他们的有力辅佐。而陈平和周勃也互相尊重,互让相位,成为以"谦让"为做人之本的典范。

一天,文帝到陈平家去探视。面对文帝的深切关怀,陈平非常感动,但也非常惭愧。他对文帝说:"皇上您太仁慈了,但我却犯了欺君之罪。我对不起您对我的一片爱心啊!"原来,陈平并没有生病,而是装病。他不想当丞相,而是想把相位让给周勃。文帝问:"为什么?"

陈平诚恳地说:"高祖在时,周勃的功劳不如我;诛灭诸吕时,我的功劳不如周勃。所以我愿意把相位让给他,请皇上恩准。"

皇上听陈平如此说,理解并听从了陈平的建议,决定任命周勃为右丞相,位居第一,任陈平为左丞相,位居第二。

文帝对国家大事非常重视。有一天汉文帝上朝时想了解一下国家与人民百姓的事情,于是他就把右丞相周勃找来,问他:"全国一年之中要审理、判决的大大小小案件一共有多少件?"周勃一听愣了一下,低着头,回答汉文帝说不知道。文帝又问:"那么全国上下每年收入和支出的金钱又是多少?"周勃急出一身冷汗,汗水多得把脊背的衣服都弄湿了,因为他还是回答不出来。

汉文帝看周勃答不上来,就问左丞相陈平,陈平说:"这些事情都分别有掌管的人,问审理案子的事,有廷尉;问财务的事,有内史。只要把他们都找来,一问就知道了。"

文帝听后就生气了,说道:"既然什么事情都有专人负责,那么丞相应该管什么呢?"

陈平毫不犹豫地回答:"每个人的能力都是有限的,不能事无巨细,每事躬亲。丞相的职责是:上能负责皇上,下能调理万事,对外能镇抚诸侯,

职场必备的心理学

对内能安定百姓。同时,丞相还要管理大臣,使他们都能尽到自己的责任。"

汉文帝听了点点头,对陈平的回答十分满意。

事后周勃感到非常羞愧,觉得自己反应、机智都不如陈平,于是借着生病想回家乡养老的理由,辞去右丞相的官职。

汉文帝非常理解周勃的心情,批准了他的辞呈,任命陈平为右丞相。从此以后,不再设立左丞相。

陈平辅佐汉文帝,励精图治,成就了汉初盛世。

智者总能正确认识自己的才能,并以自己的才能为基础,懂得"力所不及"和"过及"的辩证法则。真正认识自己并不是件容易的事。有人活了一辈子都不能认识自己,对别人认识得很清楚,把握得很准确,而对自己却不能准确把握。也有人感叹自己不了解别人,却认为完全了解自己,这都是不能正确认识自己的表现。

乔叟说:"自知的人是最聪明的。"人贵有自知之明,老子说:"知人者智,自知者明。胜人者力,自胜者强。"这显然是把自知和自胜放在更高的层面上来评价的。没有自知,不能自胜,每个人都要认识自己,通过各种方法了解自己,找准自己的位置和方向。

在漫长的人生历程中,必须正确地认识自己。把自己估计过高,会脱离现实,守着幻想度日,怨天尤人,怀才不遇,结果小事不去做,大事做不来,一事无成;把自己估计过低,会产生强烈的自卑感,导致自暴自弃,明明能干得很好的事,也不敢去试,最后抱怨终生。可见,认识自己多么重要。倘若能正确认识自己,面临成功,不会忘乎所以,瞧不起别人;遇到挫折失败,也不会丧失信心,只能更加谦虚,更加勤奋。

尤其在竞争的今天,充分认识自己,找出自身的优势和劣势,加强学习,不断提高,才能适应形势,找准自己的位置,使自己成为一个对社会有用的人。

"你要认识你自己",就是说,包括认识自己的情感、气质、能力、水平、优缺点、品德修养和处世方式等,能对自己做出较为准确、恰如其分的估量和评价,不掩饰、不溢美。

有位心理学家给一群人做完多项人格检查后,拿出两份结果让参加

第一章 行走职场，从塑造自我开始

者判断哪一份是自己的结果。事实上，一份是参加者自己的结果，另一份是多数人的回答平均起来的结果。参加者竟然认为后者更准确地表达了自己的人格特征。

一位名叫肖曼·巴纳姆的著名杂技师在评价自己的表演时说，他之所以很受欢迎是因为节目中包含了每个人都喜欢的成分，因为他能够做到"每一分钟都有人上当受骗"。人们常常认为一种笼统的、一般性的人格描述十分准确地揭示了自己的特点，心理学上将这种倾向称为"巴纳姆效应"。

巴纳姆效应在生活中十分普遍。例如，很多人请教过算命先生后都认为算命先生说的"很准"。其实，那些求助算命的人本身就容易接受他人的暗示。当人的情绪处于低落、失意的时候，就对生活失去控制感，于是，安全感也随之受到影响。一个缺乏安全感的人，心理的依赖性便会大大增强，受暗示性就比平时更强了。加上算命先生都比较善于揣摩人的内心感受。能够理解求助者的感受，求助者立刻会感到一种精神安慰。算命先生接下来再说一段一般的、无关痛痒的话便会使求助者深信不疑。

洛克菲勒小时候是个十分贪玩的孩子，他的母亲常常为此忧心忡忡。母亲的再三告诫对他来说如同耳边风。直到16岁那年秋天的一个上午，父亲将正要去河边钓鱼的洛克菲勒拦住，并给他讲了一个故事，正是这个故事改变了洛克菲勒的一生。

父亲说："昨天我和多利亚去清扫一个大烟囱，那烟囱只有踩着里面的钢筋踏梯才能上去。多利亚在前面,我在后面。我们抓着扶手一阶一阶的终于爬上去了,下来时,多利亚依旧走在前面,我还是跟在后面。后来,钻出烟囱,我发现了一件奇怪的事情:多利亚的后背、脸上全被烟囱里的烟灰蹭黑了,而我身上竟连一点烟灰也没有。"

洛克菲勒的父亲继续微笑着说:"我看见多利亚的模样,心想我一定和他一样,脸脏得像个小丑,于是我就到附近的小河里去洗了又洗。而多利亚呢,他看我钻出烟囱时干干净净的,就以为他也和我一样干干净净的,只草草地洗了洗手就上街了。结果,街上的人都笑破了肚子,还以为多利亚是个疯子呢。"

洛克菲勒听罢,忍不住和父亲一起大笑起来。父亲笑完后,郑重地对他说:"其实别人谁也不能做你的镜子,只有自己才是自己的镜子。拿别人做镜子,白痴或许会把自己照成天才的。"

在 2000 年前,古希腊人就把"认识你自己"作为铭文刻在阿波罗神庙的门柱上。然而时至今日,人们不能不遗憾地说,"认识自己"的目标距离我们仍然还很遥远。探索其原因,我们不能不提到心理学上的"巴纳姆效应"。

在日常生活中,我们既不可能总把自己放在局外人的地位来观察自己,也不可能每时每刻去反省自己,于是只能借助外界信息来认识自己。正因如此,每个人在认识自我时很容易受外界信息的暗示。由于受到周围信息的暗示,迷失在环境当中,并把他人的言行作为自己行动的参照。"巴纳姆效应"指的就是这样一种心理倾向,即人很容易受到来自外界信息的暗示,从而出现自我知觉的偏差,认为一种笼统的、一般性的人格描述十分准确地揭示了自己的特点。

要避免巴纳姆效应,客观真实地认识自己,有以下几种途径:

第一,要学会面对自己。

有这样一个测验人的情商的题目:当一个落水昏迷的女人被救起后,她醒来发现自己一丝不挂时,第一个反应会是捂住什么呢?答案是:尖叫一声,然后用双手捂着自己的眼睛。

从心理学上来说,这是一个典型的不愿面对自己的例子,因为自己有"缺陷"或者自己认为是缺陷,自己就通过一种或几种方法把它掩盖起来,但这种掩盖实际上也像上面的落水女人一样,是把自己眼睛蒙上。所以,要认识自己,首先必须要面对自己。

第二,培养一种收集信息的能力和敏锐的判断力。

很少有人天生就拥有明智和审慎的判断力,实际上,判断力是一种在收集信息的基础上进行决策的能力,信息对于判断的支持作用不容忽视,没有相当的信息收集,很难做出明智的决断。

有一个故事说,一个替人割草的孩子给一位女士打电话说:"您需不需要割草?"女士回答说:"不需要了,我已有了割草工。"这个孩子又说:"我会帮您拔掉花丛中的杂草。"女士回答:"我的割草工也做了。"这孩子又说:"我会帮您把草与走道的四周割齐。"女士说:"我请的那人也已做了,谢谢你,我不需要新的割草工人。"孩子便挂了电话。孩子的哥哥在一旁问他:"你不是就在她那儿割草打工吗? 为什么还要打这电话?"孩子带着得意的笑容说:"我只是想知道我做得有多好!"

这个孩子可以说是十分关心收集针对自己的信息,因此可以预见他的未来成长以及可能取得的成就,绝非是一般小孩子能比。

第三,通过对重大事件,特别是重大的成功和失败认识自己。

重大事件中获得的经验和教训可以提供了解自己的个性、能力的信息,从中发现自己的长处和不足。越是在成功的巅峰和失败的低谷,就越能反映一个人的真实性格。

第四,以人为镜,通过与自己身边的人在各方面的比较来认识自己。

在比较的时候,对象的选择至关重要。找不如自己的人作比较,或者拿自己的缺陷与别人的优点比,都会失之偏颇。因此,要根据自己的实际情况,选择条件相当的人作比较,找出自己在群体中的合适位置,这样认识自己,才比较客观。

心理学感言

有人说:"成功时认识自己,失败时认识朋友。"固然有一定的道理,但归根结底,我们首先要认识的人都是自己。无论成功还是失败时,都应坚持辩证的观点,不忽视优点和长处,也要认清不足与短处。

四、成功源于永远相信自己

卡耐基说:"要想成功,必须具备的条件是,以欲望提升自己,以毅力磨平高山,以及相信自己一定会成功。"永远相信自己,假如你真的能做到,那么你离成功已经不远了。

01　表现出你的自信

自信是积极沟通的首要因素,也是检验一个人是否具有沟通能力的重要标志。

自信是一种心理状态。有时自信会受到动摇,而你必须重新树立信心。有时你在生活的某些方面充满自信,但在其他方面则不然。自信并不是指毫无恐惧及焦虑,而是你能克服这些恐惧与焦虑。

如果你希望自己将来能够成为演讲家、政治家、领导者,成为一个有说服力的人,你都得学会自信。

如果你对自己的话一点都没把握,讲话之前先怯场,甚至完全不相信自己讲的那一套。你自己都不信,还怎么指望别人会相信呢?

自信是以一种积极的、自信的、直接的、并保持对听众及他人尊重的方式表达你的信息。有信心,你的表达才具有说服力,别人才会相信你所说的一切。

自信可以来自年龄与经验、教养、成就、成功或金钱,但这并不表示所有有教养、成功、富有、年纪大的人都会有自信。

即使是布什总统在大选结束后也曾说:"人们都在等着看我是不是有条件坐上这个位置。你知道吗?我也在等着看我自己够不够资格坐上这个位置。"

从某种程度来说,自信就像正直一样:你说有就有,说没有就没有。

但是,你不能伪装正直,却多少可以假装有自信。这也表明,人们可以通过学习和掌握一些技巧而拥有并保持自信。

"你要先扮演一个角色,然后才能真正成为那个角色。"美国某银行总裁说,"很多时候你身处的并不是舒适的位置,但你要记住,同桌的每个人都有相同的感受。觉得紧张是很正常的,只要有勇气先走出去,掌握状况的发展,就有可能成功。"

一位成功带领的企业位居行业龙头的总裁曾说:"从我3岁以后,我在社交上的技巧就相当拙劣。我曾因为在公开场合说了一些话而被人取笑,我也从来没有克服过这件事。"他在60年后的今天才提起这件事,知道他成就的人都想不到他有这样的过去。这恰恰说明:他内心虽然不够自信,但他拥有表现自信的技巧。

《怎样说话才打动人》一书的作者列举了一些人的自信技巧,读读它,相信对你会有所帮助。

(1)用身体语言表达自信:

职场必备的心理学

——以赞赏的眼光与别人接触；
——坐、立姿态坚定挺拔；
——以开朗的表情辅助别人的评论；
——以清晰、稳重、坚定的语调讲话；
——保持开朗、稳重、轻松的表达；
——平静地讲解，强调重点词汇，不犹豫。

(2) 用语言表达自信：
——陈述问题诚恳、简单明了、有重点；
——使用"我宣布,我愿意,我欣赏,我认为"等语句；
——提出改进意见而不是劝告和命令；
——提出建设性的批评而不是责骂或假设"应该如何"；
——通过询问发现别人的思想和情感；
——相互尊重地交流，寻找双方都能接受的解决方法。

当你与人交流时，大胆运用这些技巧实践。提醒自己，我现在所扮演的角色是什么，我该如何处理，反复操练这些技巧，直至掌握熟练为止。

心理学感言

自信就是自我确信，它能使你保持镇定，即使在压力之下也能沉着冷静。一旦你把这种自信传达给别人，别人也会更愿意显示出对你的信任。

02 相信自己，才会成功

一个人要想改变自己的命运，最重要的是自信，要始终相信自己。自信是对自我能力和自我价值的一种肯定。有自信，才会有成功。

美国作家爱默生曾说："自信是成功的第一秘诀。"自卑是一种消极的自我评价或自我意识，即个体认为自己在某些方面不如他人而产生的消极情感，是一种危机心态。自卑是束缚创造力的一条绳索，要想成就一番事业，首先要做的一项工作就是拒绝与自卑纠缠。

据有关专家统计，世上有 92% 的人是因为对自己信心不足而不能走出生存的困境。这种人就像一棵脆弱的小草一样，毫无信心去经历风雨。这就是说，缺乏自信，而在自卑的陷阱中爬来走去，是这些人最大的生存危机，自然就会导致挫败。如果不能从自卑中挣脱出来，那么就成不了一个能克服危机的人。

有一次，松下电器公司招聘一批基层管理人员，采取笔试与面试相结合的方法。计划招聘 15 人，报考的却有几百人。经过一周的考试和面试之后，通过电子计算机计分，选出了 15 位佼佼者。当松下幸之助将被录取者一个个过目时，发现有一位成绩特别出色、面试时给他留下深刻印象的年轻人未在 15 位之列。这位青年叫神田三郎。于是，松下幸之助当即叫人复查考试情况。结果发现，神田三郎的综合成绩名列第一，只因电子计算机出了故障，把分数和名次排错了，导致神田三郎落选。松下立即吩咐手下纠正错误，给神田三郎发放了录用通知书。第二天，松下先生却得到一个惊人的消息：神田三郎因没有被录取而一下自卑起来，觉得自己一无是处，于是跳楼自杀了。录用通知书送到时，他已经死了。

松下知道之后自己沉默了好长时间，一位助手在旁边自言自语："多可惜，这么一位有才干的青年，我们没有录取他。"

"不"，松下摇摇头说，"幸亏我们公司没有录用他。如此自卑的人是干不成大事的。"

人生并非总是一帆风顺，因为求职未被录取而拿死亡来解脱自卑的情绪，简直太可惜了。

"成功者"与"普通者"的区别在于：成功者总是充满自信，洋溢活力，而普通人即使腰缠万贯，富甲一方，内心却往往灰暗而脆弱。

成就事业就要有自信，有了自信才能产生勇气、力量和毅力。具备了这些，困难才有可能被战胜，目标才可能达到。但是自信绝非自负，更非痴妄，自信建筑在崇高和自强不息的基础之上才有意义。心中有自信，成功有动力。莎士比亚说过："自信是成功的第一步"。

人们一直将 4 分钟内跑完一英里（折合 1600 米）认为是遥不可及的事情，但这一神话在 1954 年 5 月 6 日被美国运动员班尼斯特打破了。他是如何做到的呢？

　　班尼斯特每天早上都会大声对自己喊出"我一定能行，我一定可以在4分钟内跑完一英里(折合1600米)！我的梦想终究会实现，我肯定会取得成功！"他就是这样不断鼓励自己，并在教练库里顿博士的指导下，艰苦训练，终于以3分56秒6的成绩打破了一英里跑的世界纪录。这就是自信的力量。

　　只要我们相信自己，就会有高昂的斗志和无穷的力量，当我们面临困难的时候，也才能积极地去应对，顽强地去拼搏，正如萧伯纳所说：信心使一个人得以征服它可以征服的东西。

心理学感言

　　生活中可能会遇到很多困难，即使面临绝境，只要心中有信念，就一定会拨云见日，走出困境；只要手中握着自信，握住希望，就会在人生路上战胜一个又一个困难，取得一次又一次的成功。

03　开发自己的潜能

　　很多人没有足够的进取心来开创自己伟大的事业，因为他们的期望值很低，不能从一点一滴做起，进而开创一项伟大的事业。生活目标的狭隘限制了他们确立宏大的进取心。雄心壮志使得美丽的人生有了可靠的基石。它督促人们去完成任务，帮助人们去抵抗那些足以毁灭人们前途的诱惑。

　　诗人、作家歌德说："人的一生中最重要的就是要树立远大的目标，并且以足够的才能和坚强的忍耐力来实现它。"

　　我们几乎随处能见到这样的人，他们一生都做着简单而又平常的事，他们似乎也因此就满足了，但事实上他们完全有能力做一些更复杂的事，他们不相信自己能胜任。

第一章 行走职场，从塑造自我开始

假如人类没有创造世界和改进自身条件的雄心壮志，世界将会处在多么混沌的状态啊！

和为了实现雄心壮志而进行的持续努力相比，没有什么东西可以如此地坚定人们的意志。它引导人们的思想进入更高的境界，把更加美好的事物带进人们的生命。

在不同的文明下，人们的理想也不同。一个人或一个国家的理想与其现实条件和未来发展潜力是息息相关的。

在人的一生当中，总会遇到各种困难与挫折，在这种情况下，要勇敢地对自己说声"我能行"。

每个人都渴望成功，但是，成功路上总会充满荆棘，如果你放弃，那么你永远不会成功；如果你不断地坚持，告诉自己能行，总有一天你会成功。

曾有一个农夫在高山之巅的鹰巢里捉到一只小鹰，他把小鹰带回家中，养在鸡笼里面。这只小鹰与鸡一起啄食、嬉闹和休息，它认为自己也是一只鸡。这只鹰渐渐长大了，羽翼也丰满了，主人想把它训练成猎鹰，可是，因终日与鸡混在一起，它已变得与鸡完全一样了，根本没有飞的能力了。农夫试了各种各样的办法，都毫无效果，最后把它带到了山顶上，一把将它扔了下去。这只鹰像一块石头似的，直掉下去，慌乱之中它拼命地扑打着翅膀，就这样，它终于飞了起来。

或许你会说："我已懂你的意思了。但是，它本来就是鹰，不是鸡，它才能够飞翔。而我，或许原本就是一个平凡的人，我从来没有期望过自己

33

能做出什么了不起的事情来。"这正是问题的所在——你从来没有期望过自己做出什么了不起的事来,你只把自己钉在自我期望的范围内。

事实上,开启成功之门的钥匙必须由你自己亲自来锻造,而这正是释放你的潜能、唤醒你的潜能的过程。

心理学感言

每个人都有巨大的潜能,只是有的人潜能已苏醒,有的人潜能却还在沉睡中。任何成功者都不是天生的,成功的关键在于开发出了无穷无尽的潜能。只要你能持有积极的心态去开发自我的潜能,就会有用不完的能量,你的能力就会越用越强,你离成功也就近在咫尺了。反之,假如你抱着消极的心态,不去开发自己的潜能,任它沉睡,那你就只能自叹命运不公了。

04　时时保持自信

如果你只接受最好的,你最后得到的往往也是最好的,只要你有信心。这就是美国职业橄榄球联会前主席 D·杜根提出的杜根定律,即强者不一定是胜利者,但胜利迟早都属于有信心的人。

有世界第一 CEO 之称的前通用电气公司董事长杰克·韦尔奇出生在一个典型的美国中产阶级家庭。父母结婚 16 年后才有了这个独生子,父亲为"波士顿与缅因铁路公司"工作,早出晚归,所以培养孩子的任务就落在了母亲的肩上。

与其他独生子女的母亲不太一样的是,她对儿子的关心更主要体现在提升他的能力和意志上。杰克非常尊敬乃至崇拜母亲,"她是一位非常有权威性的母亲,总是让我觉得自己什么都能干,是我母亲训练了我,要我学习独立。每次当我的行为稍有越轨,她就一鞭子把我抽回来,但通常都是正面而且有建设性的,还能促使我振作起来。她向来不说什么多余的话,总是那么坚决,那么积极,那么豪迈。我总是对她心服口服。"

母亲教给杰克3门非常重要的功课:坦率地沟通,面对现实,并且主宰自己的命运,这是母亲始终抱持的理念。日后证明,在杰克的管理生涯中,这种禀赋被发挥得淋漓尽致。

要掌握自己的命运就必须树立自信。尽管杰克到了成年还略带口吃,可母亲说这算不了什么缺陷,只不过是想的比说的快些罢了。结果,略带口吃的毛病并没有阻碍杰克的发展,而实际上注意到这个弱点的人大都对他产生了某种敬意。美国全国广播公司新闻部总裁迈克尔对他十分敬佩,甚至开玩笑地说:"他真有力量,真有效率,我恨不得自己也口吃。"

在杰克看来,人们所经历的一切都会成为自信心建立的基石。当你被选为一支球队的队长时,当你在球场中选队员时,你就掌握了这支队伍。然后事情就这么发生了——渐渐地,你会习惯这些经验,而且人们也会信任你,给予你善意的回应。

杰克的中学成绩应该是可以保证他进入美国最好的大学,但因种种原因而事与愿违,只是进了麻州大学。开始他感到非常沮丧,但进入大学之后,沮丧就变成了庆幸。

"如果当时我选择了麻省理工学院,那我就会被昔日的伙伴们打压,永远没有出头的一天,然而这所较小的州立大学,让我获得了许多自信。我非常相信一个人所经历的一切,都会成为建立自信的基石:包括母亲的支持,运动,上学,取得学位。"事实证明杰克是麻州大学最顶尖的学生,看来他没有到麻省理工学院是对的。

担任杰克大学班主任的威廉当时也看出了杰克成功的初期征兆:"是他的双眼,他总是很自信,他痛恨失败,即使在足球比赛中也是一样。"

"自信"在日后成为通用电气的核心价值观之一。杰克说:"所有的管理都是围绕'自信'展开的。"杰克1981年成为GE公司历史上最年轻的CEO。十几年来,公司的市场价值从原来的120亿美元,升到了如今的超过4000亿美元,而且一直被公认为是管理最优秀和最受推崇的公司之一。

对事业怀有信心、相信自己乃是获得成功不可或缺的前提。当然其

职场必备的心理学

他因素也非常重要,但最基本的条件,是激励自己达到所希望的目标的积极态度。怀有信念的人是了不起的。他们遇事不畏缩,也不恐惧,就是稍感不安,最后也都能自我超越。他们健壮而充满活力,能解决任何问题,凡事全力以赴,最终成为伟大的胜利者。他们都有一个神奇的座右铭——那就是"信念"。

心理学感言

自信是需要长期坚持的一种生活习惯。心理学家通过调查发现,全球的总裁大约有99.9%的人都会表现出比实际上更强的自信气质。如果你善于观察、善于学习,你也可以像他们一样,时时表现自信。平日里你不妨多注意那些善于运用自信技巧的人,观察他们的身体语言,看他们是怎样说的,又是如何做的。

五、相信心灵的力量

一个人的世界总是从心灵深处开始的,从那里探出无形的触角,向外延伸、延伸……最后构成他在现实生活中的世界。一个人外在的表现与他内心的世界是相辅相成的,一个人心中有什么,他看到的就是什么。心灵的力量是无穷的。相信心灵的力量,在快节奏的现代生活中,不被金钱左右,保持沉稳与宁静的心情,朝赏春花秋月,晚看星光满天;相信心灵的力量,身处激烈竞争时,学会保持轻松与平和,让自己笑到最后、笑得最恬淡;相信心灵的力量,面对人生的困境,不被一时的挫败蒙住双眼,选择坚强与豁达,守得云开见月明!

用手触摸工作,用心感觉生活。

01　成功不得意，失败不失意

我们在工作时不可能事事一帆风顺，也不可能要求每个人都对我们笑脸相迎。很多时候，我们也会被他人误解，甚至被嘲笑、被轻蔑。这时，如果我们不能控制自己的情绪，就会造成人际关系的不和谐，对自己的生活和工作都将带来很大的影响。所以，当我们遇到意外的沟通情境时，就要学会用幽默的力量控制自己的情绪，因为轻易发怒只会造成反效果。

胜利与失败是相互依存、相互转化的。一时的失意并不代表最终的结果。

松下电器的总经理山下俊彦在谈到失败时曾这样说："要使每个人在松下工作感到有意义，就必须让每个人都有艰难感。如果仅仅工作不出差错，平平安安无所事事，那就毫无意义。艰难的工作容易失败，但让人

职场必备的心理学

感到充实。我认为即使工作失败了,也不算白交学费。因为失败可以激发人们再去奋斗。"

一般人都不太知道,山下从1948年到1954年,曾经脱离松下公司到一个小灯泡厂工作。当时山下的顶头上司谷村博藏(其后当上了松下副经理、山下的同乡)也是脱离松下单干的,山下就是跟谷村去的。山下自己回忆说:"我当时是糊里糊涂进松下公司的。所以谷村一劝说,没有多考虑就辞掉了松下的工作。""我是个怯弱的老实人!是极平常的职员。"然而谷村的公司没干上两三年就垮了,谷村又回到松下。山下没回去,转到另外一个灯泡厂。对于怯弱的人来讲,一旦离开的地方,是不情愿再回去的。山下的那个小工厂里,从制造、销售到当经理都是他一个人说了算。山下回顾说:"那里的生活是充实的。当时真想在那里干一辈子。"假如是这样,今天松下就没有山下经理了。在山下脱离松下的第六年,谷村希望山下回到松下与菲利浦联合企业。当时该公司正在开发电子设备产品,急需中层管理人才。

山下确实是个老实人,他几次回绝了谷村的招聘。不过,他最终没能按自己的意志坚持下去,他被谷村说服了,重新回到了松下。

从此,山下变了,他从一个老实脆弱的人,变成一个不屈不挠的人,这是经受挫折与痛苦之后磨炼出来的。

谷村当时在与菲利浦公司联营的松下电子厂。山下被拉去后,曾当过电子管理部长、零件厂厂长。他把菲利浦公司的经营管理方法学到手,其后又出任西部电气常务。过了4年,他升任冷冻机事业部长。这中间他吃过许多苦,他后来回忆说:"西部电器、冷冻机事业部时代的经验对我来讲实在珍贵。当时,几次陷入困境,硬着头皮埋头苦干,总算自己感到扬眉吐气了。那正是我三四十岁阶段,做了超越自己能力的工作。"

对于当时所受的困苦,山下认为是锻炼。他告诉我们,不要担心失败,这不算白交学费。他说:"困难并不是坏事,是对希望的挑战。工作中克服困难的过程可以培育人才,也会有发展。单纯追求利润是没有什么意义的,困难的工作带来的好处是产生兴奋,刺激大伙更好地协同合作,而且也能让工作人员明白自己的地位和责任。"

山下之所以能如此讲,是与他三四十岁时所经历的曲折道路有关。

如前所述，山下在当空调机事业部长时，吃过一次大败仗。那一年，山下的空调机事业部年产量从 10 万台增长到 50 万台。可是没想到遇上一个冷夏的气候，真是意外打击。对此惨状，山下非但没有叹气，反而亲自举办盛大宴会，激励职工重新大干。

一个人如果只能享受成功时的得意，不能忍受失败时的失意，允许情绪控制自身行动的人，在生活中只能成为一个弱者。

英国科研人员最近发现，人如果工作失意，容易导致中风发生。心理学家发现，若为一个自己不喜欢的老板工作，不仅会带来精神上的不快，还容易影响身心健康。研究人员为 28 名关注自身健康的职员进行了数日血压测定，结果显示，那些认为上司不公或不讲道理的雇员，在与上司打交道时血压显著升高。

研究还发现，那些不受人尊敬和信赖、偏听偏信的上司最容易引起雇员血压升高。尽管短暂的血压升高并不算什么大问题，但如果在工作中一直处于高血压状态，心血管系统就很可能受到损害，具体表现为冠心病发病风险上升 16%，中风的危险上升 38%。此外，研究还发现，对不喜欢的上司或同事忍气吞声容易引起头痛。精神长期处于紧张状态，是一些头痛患者的主要病因，而头痛又会导致失眠，失眠又导致精神紧张，长期下去造成损害健康的恶性循环。

心理学家认为，宣泄是人的一种正常的心理和生理需要。你悲伤忧郁时，不妨与异性朋友倾诉，也可以通过热线电话等向主持人和听众倾诉，也可进行一项你所喜欢的运动。如在空旷的原野上大声喊叫，既能呼吸新鲜空气，又能宣泄积郁。随遇而安也是防卫机制中一种心理合理反应。培养自己适应各种环境的能力，遇事总能满足，烦恼就少，心理压力就小。古人云："吃亏是福。"生老病死，天灾人祸往往会不期而至，而用随遇而安的心境去对待生活，你将拥有一片宁静清新的心灵天地。

精神胜利是一种有益身心健康的心理防卫机制。在你的事业、爱情、婚姻不尽如人意时，在你因经济上得不到合理对待而伤感时，在你无端遭到人身攻击或不公正的评价而气恼时，在你因生理缺陷遭到嘲笑而郁郁寡欢时，你不妨用阿 Q 精神来调适你失衡的心态，营造一个祥和、豁达、坦然的心理氛围。

难得糊涂是心理环境免遭侵蚀的保护膜。在一些非原则性的问题上"糊涂"一下,无疑能提高心理承受的率值,避免不必要的精神痛楚和心理困惑。有这层保护膜,会使你处乱不惊,遇烦恼不忧,以恬淡平和的心境对待各种生活中的紧张事件。

幽默人生是调和心理环境的"空调器"。当你受到挫折或处于尴尬紧张的境况时,可用幽默化解困境,维持心态平衡。幽默是人际关系的润滑剂,它能使沉重的心境变得豁达、开朗。

心理学感言

中国明朝学者崔后渠曾有句名言,"得意澹然,失意泰然"。意思是说,在人生得意或某件事情得以圆满解决的时候,不要那么兴致勃勃,而要努力保持谨慎、冷静的态度;而在失意、落魄的时候,决不能伤心气馁,乱了方寸。

02 学会调适自己的心态

生命是人从降生到死亡的一个过程。在这个过程中,我们应该细心地去品味生活,发现生活中的幸福与美好,领略生命历程中的亲情、友情、爱情以及对周围事物的微妙的感情。只有用心去观察,用生命去感受,这样的人生才会拥有最美好的生活,才能体会到生活带给我们的每一份感动。

经常听到一些人因工作繁忙而叫苦不迭,殊不知,只有善待工作的人才会忙,只有"忙"才会让你有成就感,才能让你的生活有意义!有些人在退休后无事可做时,往往会发出这样的感慨:现在想做些什么也不可能了,早知这样,当初就应该多做些事。奉劝那些整天无所事事的人:努力提高自己,投身工作,享受工作。

李君是一家机械维修公司的一级修理工,上班时他不是拧螺丝,就是开车床,整天得跟这些油乎乎的机器零件打交道,工作无聊到极点,但是,他却不能放弃这些,因为他必须以此为生。于是,李君就下决心改变这个局面,他开始着手钻研这些机器的构造是怎样的,如:为什么汽车能运行?运行一段时间后为什么会发热?汽车运行原理与火车有何不一样?如此一来,他的这份工作对他就很有吸引力。经过努力,他成为该公司的维修专家,后来他被送到一所大学去进修"机械制造"专业。

一个人对工作所具有的心态,就是他人生的部分表现。一生的职业,就是他志向的表示、理想的所在。如果一个人只是为了薪水去工作,那就代表他是不忠于生活的。工作是我们生活的一部分,我们要在工作中享受生活的乐趣。

世界上不存在永远让你 high 的工作。任何的工作最终都会归于一种平淡,就像生活给我们的感觉一样。你要想做好并享受你的工作,就必须接受这种平淡,而且从这种平淡中享受它带给你的乐趣。

我们平时在工作的时候,大脑总是处于一种紧张、亢奋的状态,一个工作结束,另一个马上接替上来,周而复始,身体机器超负荷运转,来不及调整,最终以崩溃作为代价。

于是,很多人的工作、生活理念正在悄然发生变化:渴望在工作之余找到一片能使身心放松、压力缓解的"绿洲"。其实,在工作的同时你也可以享受到它的快乐,可以让自己过得轻松愉快。

有张有弛,像音乐一样有节奏感,才会让工作变成悦心的事情,完成后才会有成就感。工作总是无止境的,调整自己的心态很重要,不要把工作当成自己唯一的生活重心,否则心很快就会疲惫,兴趣很快就会消失,如果想到工作后还能上网,听歌,聚会,聊侃,你会充满希望,轻松应对。在这种放松的状态中,你也许还会思路大开。

放慢脚步,于紧张中找些悠闲,保护自己的身心健康,才是最重要的。

用手触摸工作,用心感受生活,就会多一份享受,少一份抱怨;多一些快乐,少一些烦恼;多一些成功,少一些失败。

41

心理学感言

无论你平时工作多忙,都不要把自己逼得太紧,也不要活得太累,要有张有弛,这样,生活工作才能相得益彰。

03 顺境乘风,逆境破浪

顺境与逆境就像生活的快乐与痛苦,不过就是漫长生活里的一个个短暂的过程。人的一生中,没有谁会一条直线地走下去,坎坷与挫折也是人生旅途的一道风景,它的色彩是我们自己描上去的。它们才是幸福生活的奠基石。

顺境就是良好的境遇,逆境则相反,都是人成长过程中必然面对的人生境遇。我们都看过《西游记》,西天取经其实最重要的不是取经的结果,而是这一路上克服了困难的这种过程。而在这个过程中,我们看到的不只是遇到困难时的痛苦,还有克服困难时的勇气和信心,以及快乐时的兴奋。

人生不如意事十之八九。因此,大家在身处顺境的时候,也应当作好迎接逆境的准备。只有既能够在顺境中不骄不矜,又能够在逆境中不屈不挠的人才能享受到人生的美丽。顺境,人之所求,却无法有求必应;逆境,人之所畏,却往往不期而遇。注定我们要用良好的心态去面对这些不测。

犹太人在近两千年漂泊流离的生活中,一直处在逆境之中。在这漫长的日子里,一方面,他们把逆境视若寻常事,在此过程中学会了忍耐和等待,坚信一切很快就会过去的,学会了如何在逆境中生存发展的智慧。另一方面,把逆境看作是一种人生挑战,发挥自身潜在的能力,精神抖擞地在逆境中崛起。犹太人把这种智慧运用到商业操作中,就形成了在逆境中发财的生意经。

犹太实业家路德维希·蒙德在学生时代曾在海德堡大学与著名的化学家布恩森一起工作,发现了一种从废碱中提炼硫磺的方法。后来他移居到英国,在那里他几经周折才找到一家愿意同他合作开发此技术的公司,结果证明这项技术的经济价值非常高。于是蒙德萌发了开办化工企业的念头。

蒙德买下了一种利用氨水的作用使盐转化为碳酸氢钠的方法,这种方法是他一起参与发明的,但当时还不是很成功。蒙德于是一边买下一块地建造厂房,一边继续实验,以完善这种方法。尽管实验屡屡失败,但蒙德从未放弃,他仍然夜以继日地研究开发。经过反复的实验,他终于解决了技术上的难题。

1874年厂房建成,刚开始生产状况并不理想,成本居高不下。连续几年,企业都处于亏损状态。同时,当地居民担心大型化工企业会破坏生态平衡,也都拒绝与他合作。

但是蒙德并没有气馁,终于在建厂6年后取得了重大突破,产量增加了3倍,成本也降了下来,产品由每吨亏损5英镑,后变为获利1英镑。当时的英国,工厂普遍实行12小时工作制。蒙德做出了一项重大决定,将工作时间改为每天8小时。通过这项决定,工人的积极性极度高涨,每天完成的工作量和原来的12小时一样多。

周围居民的态度也发生了转变,争着进他的工厂工作,因为蒙德的企业规定,在这里做工,生活可获得终身保障,并且当父亲退休时,还可以把

职场必备的心理学

这份工作传给儿子。

后来,蒙德建立的这家企业成了全世界最大的生产碱的化工企业。

无论是从顺境还是逆境中走过来,心灵始终宽容豁达,不再有顺境逆境之分,心情平和淡然,懂得享受生命的过程,理解得失是生命中必然发生的事,不会因为结果的成败而耿耿于怀。

贝弗里奇说:"人们最好的工作往往是在处于逆境情况下做出的。思想上的压力,甚至肉体上的痛苦都可能成为精神上的兴奋剂。"逆境是人生的十字路口,也是人生的试金石。逆境有时候就像人生的分水岭,跨过它,你就会成功,否则,你还是在逆境的深渊里继续挣扎。

当我们打开一个伟人的一生履历,你会惊奇地发现,他们的人生道路中逆境要远远的多于顺境,但是他们却成了伟大的人。

生活中挫折是在所难免的,重要的不是绝对避免挫折,而是要在挫折面前采取积极进取的态度。

幸福与不幸是事物发展的两个轮子,不幸是幸福之母,是幸福的先导。幸福与不幸,相隔只有一步。即使你认为不幸了,只要有"置之死地而后生"的乐观心态,还是可以战胜逆境的。增强对逆境的承受力,并在挫折与风险中磨炼出坚强的意志力。只有这样,我们才会获得幸福。

做任何事情,无论是顺境逆境,都要保持快乐的心态,我们的生活不可能一帆风顺,总会有意外在等着我们。这时,对自己要充满信心,要始终保持一种乐观情绪,学会给自己解压,在困境中鼓励自己。当逆境出现时,相信自己能够掌握自我命运,能够从逆境中走出去,在善对一个个逆境中获得健康、知识、活力与成功。

心理学感言

人生都有两份履历,一份是逆境或顺境中产生的不幸,一份是逆境或顺境中产生的幸福。处顺境时就要乘风直上,更要懂得"惜福";处逆境时也不要放弃自己,只要勇敢地破浪而行,幸福就在我们的脚下!

04 拿出勇气和信心

成功其实并没有想象得那么难,它有时需要的仅仅是你的勇气,这正是有些人所缺乏的!

想着成功,成功的景象就会在内心中形成;有了成功的信心,成功就有了一半把握。这就是美国学者贝尔提出的"贝尔效应"。

台塑创始人王永庆卖米的故事也说明了这一点。王永庆15岁小学毕业后,到一家小米店做学徒。不久,他用父亲借来的200元钱做本金自己开了一家小米店。当时大米加工技术比较落后,出售的大米里混杂着米糠、沙粒、小石头等,买卖双方都是见怪不怪。王永庆想,我要是在每次卖米前都把米中的杂物拣干净,人们肯定会更加喜欢我的米。他这样做了,结果这一做法深受顾客欢迎。在当时,其他的米店都不提供上门服务,王永庆卖米则提供这项服务。他在一个本子上详细记录了顾客家有多少人、一个月吃多少米、何时发薪等。算算顾客的米该吃完了,就送米上门;等到顾客发薪的日子,再上门收取米款。他给顾客送米时,并非送到就算。他先帮人家将米倒进米缸里。如果米缸里还有米,他就将旧米倒出来,将米缸刷干净,然后将新米倒进去,将旧米放在上层。这样,米就不至于因陈放过久而变质。他这个小小的举动令不少顾客深受感动,铁了心专买他的米。就这样,他的生意越来越好。从这家小米店起步,王永庆最终成为今日台湾工业界的"龙头老大"。王永庆的一系列做法都是当时各米店老板不愿意或是不屑于去做的,但王永庆做了,并取得了成功。同样是卖米,结果会如此不同,关键在于王永庆拿出了一种改变服务观念的勇气,并且将之付诸实施!事情似乎很小,做起来好像也轻而易举,但却只有成功者才做得出来!

英国前首相威廉·皮特还是一个孩子时,就相信自己一定能成就一番伟业。在成长过程中,无论他身在何处,无论他做些什么,不管是在上学、工作还是娱乐,他从未放弃过对自己的信心,不断地告诉自己应该成功,应该出人头地。这种自信的观念在他身体的每一个细胞中生根发芽,并鼓励着他锲而不舍、坚忍不拔地朝着自己的人生目标——做一个公正

职场必备的心理学

睿智的政治家——前进。22岁那年,他就进入了国会;第二年,他就当上了财政大臣;到25岁时,他已经坐上了英国首相的宝座。凭着一股要成功的信念,威廉·皮特完成了自己的飞跃。

很多事情我们没有做,并不在于它们难,而在于我们不敢做。其实,人世中的许多事,只要想做,并相信自己能成功,那么你就能做成。所以,对那些说你不会成功、你生来就不是成功者的料、成功不是为你准备的等等闲言碎语,你完全可以置之不理,你要用行动来证明自己的能力。想着成功,你的内心就会形成为成功而奋斗的无穷动力。不管遇到什么困难,都要坚信自己一定能成功,那么,最终你也一定会成功。

心理学感言

不论环境如何,在我们的生命里,均潜伏着改变现时环境的力量。如果你满怀信心,积极地想着成功的景象,那么世界就会变成你想要的模样。你可以达到成功的最高峰,也可以在庸庸碌碌中悲叹。而这一切的不同,仅仅在于你是否有成功的信念!

六、正确认识自己,发挥自身优势

有这样一句话曾经广泛流传:没有哪一个认识到自己天赋的人会成为无用之辈,也没有哪一个出色的人在错误地判断自己天赋时能够逃脱平庸的命运。西德尼·史密斯说:"不管你天性擅长什么,都要顺其自然;永远不要丢开自己天赋的优势和才能。"观察自己、了解自己,充分发挥自身的优势,远胜于弥补自己的不足。

01　发现自己的优势

每个人身上都有最优秀而独特的地方,这份优秀只属于你自己。而一个人成功与否,取决于他是否能发现自己的优势,并全力将它发挥出来。只有了解自己的优势,最大限度地发挥自己的专长,才能让你登上人生的绚丽舞台。

我们要通过正确的评价来发现自己的长处,肯定自己的能力。自我评价的方向和内容和人自身有很大的关系,只看自己的缺点好像千百遍地听人说"你这不行,你那不行,不准干这,不准干那……"但从来不知道自己哪儿行、不知道要干什么,这种情景也是令人非常绝望的。然而如果自我评价的方向是正向的、肯定的,能够准确发现自己的优势,就不仅会由此产生积极的情感体验,同时将更有可能发展出好的行为,产生良好的结果。

有一个小男孩很喜欢柔道,一位著名的柔道大师答应收他为徒。然而,还没有来得及开始学习,小男孩就在一次车祸中失去了左臂。那位柔道大师找到小男孩,说:"只要你想学,我依然会收你做徒弟。"于是,小男孩在伤好后,就开始学习柔道。

小男孩知道自己的条件不如他人,因此学得格外认真。三个月过去了，师傅只教了他一招，小男孩感到很纳闷，但他相信师傅这样做一定有自己的道理。又过了三个月，师傅反反复复教的还是这一招，小男孩终于忍不住了，他问师傅："我是不是该学学别的招数？"师傅回答说："你只要把这一招真正学好就够了。"

又过了三个月，师傅带小男孩去参加全国柔道大赛。当裁判宣布小男孩是本次大赛的冠军时，他自己都觉得不可思议。只有一条手臂的他，第一次参赛就以唯一的一招打败了所有的对手。回家的路上，小男孩疑惑地问师傅："我怎么会以一招得了冠军呢？"师傅答道："有两个原因：第一，你学会的这一招是柔道中最难的一招；第二，对付这一招的唯一办法是抓你的左臂。"

世界上没有一无是处的人，只要找到勇敢出击的突破口，谁都是可用之材。而对每个人来说，自身的缺陷在某种情形下正是自身的优势能力所在，而这种优势能力是独一无二的，他人是无法模仿的。

发现自己的优点，即使你只是半截牙签，你也会发出光与热。因为上帝给你关上一扇大门的同时，一定会给你打开一扇窗。只要打开那扇窗，阳光就会洒满心房，照亮七彩的人生。

天生我才必有用。命运对待每个人都是公平的，每个人都有自己独特的优势。世界并不缺少美，缺少的只是发现。但我们在认识自己的时候往往陷入误区，我们常常更关注自己的劣势，却忽视了优势；我们常常更多地考虑自己如何去适应工作，却很少考虑自己适合怎样的工作；我们常常更多地沉溺于对自我的责备中，却很少积极地认同自己；我们常常更多乐于取长补短，却很少灵活地扬长避短。

因此，我们的悲哀不在于缺乏才能，而在于没有发现才能。培养积极的心态，实现自己的价值。我们只需根据自己的特点，发挥自己的优势，依据能力确定目标，通过正确的途径和方法，必会成就自我。

一把钥匙开一把锁。每个人的成功都离不开对自身的明确定位，每个人都是一个不同的自我，我们完全没有必要走他人走过的路，适合自己的路才是最好的路。

第一章 行走职场,从塑造自我开始

心理学感言

一个人拥有明确的目标固然重要,但如果不了解自身的优势,那么这个目标几乎难以实现。原本个性天马行空,那么就不要做个品质管理员,做个策划专员好了;本来十分善于讲话,那么就不要当作家,而去当演说家好了。成功的人不一定是全才,只要有一技之长就行。人不能总盯着自己的缺点,最主要的是要学会发现自己的优势。

02 善于经营自己的长处

哈佛大学的D.伯恩斯教授做了一个统计,发现几乎所有成功者都有一个共同特征:不论聪明才智高低与否,也不论是从事哪一个行业、担任什么职务,他们都在做自己最擅长的事。

事实表明,一个人的成功来自他对自己擅长的工作的专注和投入,无怨无悔地付出努力和代价,才能享受甘美的果实。美国哈佛大学教育家嘎纳教授的多种智力理论认为,人的智力有八种,各种智力在每个人身上都存在着发展不平衡的现象。每个人的智力都有所特长,如有些人的语言智力水平很高,但他的逻辑、数学智力可能平平。一个人要想获得事业上的成功,就必须在智力方面扬长避短,用自己智力上的强项来争取优势。

精英总是善于把自己的长处转化为成效。他们明白,人应当尽可能地扬长避短。为了取得成效,我们必须利用一切可利用的长处——同事的长处、上司的长处和自己的长处。这些长处构成了实实在在的机会。组织的唯一用途就是把组织成员的长处转化为成效。

在发挥特长方面,没有比美国钢铁工业之父安德鲁·卡内基为自己挑选的墓志铭更加值得引以为豪的了。他的墓志铭是这样写的:"这里安息着一个懂得如何使他身边工作的人比他本人取得更大成效的人。"

在他身边工作的每一个人之所以能取得更大的成效,是因为卡内基善于发现并充分发挥他们的长处。这些钢铁公司的经理人人都是某个特

职场必备的心理学

定领域和特定职位上的能人。不管怎样,卡内基就是他们中间最有成效的一员。

罗伯特·F·李将军的故事很能说明变长处为成效的意义。故事是这样的:

李将军手下的一位将领违抗命令,甚至全盘否定他制订的作战计划,而且这已经不是第一次了。李将军虽然通常能够控制自己的情绪,但这次却大发雷霆。等他冷静下来后,他的一名副官十分恭敬地问道:"您为什么不解除他的指挥权?"听到这话,李将军惊讶不已地看着这位副官回答说:"多么愚蠢的问题!因为他卓有成效。"

人生的诀窍就是经营自己的长处,这是因为经营自己的长处能给自己的人生增值,经营自己的短处会使自己的人生贬值。正如富兰克林所说:"宝贝放错了地方便是废物。"把自己想做什么、能做什么、社会需要做什么综合加以分析,找出最佳结合点,正确做出职业选择,你就迈出了人生事业发展的第一步。

爱默生也曾说过:"什么是野草?就是一种还没有发现其价值的植物。"我们每个人都有自己天生的优势,也有自己天生的劣势。无论怎样的人生规划都是为了寻求成功,使自己的人生更有价值。我们也都知道:做自己喜欢的拿手的事,总是会更容易些。人生要取得更大的成就,就应该在自己更容易作好的领域科学地规划。

那么,怎样寻找自己的长处呢?其实很简单,在生活中或许你看到他人做某事时,你有种痒痒的召唤感,也希望做这件事,当你完成这件事时,感觉如行云流水,轻松愉快地做完了。甚至有些事是无师自通,并且能做得有声有色。那么,我敢肯定这就是你的天分,你的优势。

每个人都有自己所没有开发出来的优势,这种未经开发的优势,在心理学上叫作"潜力"。潜力是指潜在的能力和力量是内在的没有发挥出来的力量或能力。也就是人类原本具备却忘了使用的能力。

假如我们能够准确地发现并发挥自身的潜力,经营自己的长处,用积极向上的心态对待人生规划,那我们一定会把理想的风帆扬向成功的彼岸,我们的人生规划一定会是一部灿烂的画卷。

只要你善于发掘自己的潜力,发挥自己的优势,经营自己的长处,就能找到发展自己的道路,创造美好的人生。

心理学感言

我们要规划自己的人生,就应该先寻找能够最大限度地发挥自己才能的突破口。只有善于经营自己的长处,才能使自己的人生价值倍增。相反,总是怨天尤人、自卑自弃,或是经营自己的短处,只能使自己的人生价值贬值。

七、勇敢面对失败

放大遇挫的痛苦是愚蠢的行为,成功不会因为你的痛苦而向你招手,只会离你更加遥远。如果能正确对待挫折,成功总有一天会向你走来。因为,失败驱除了自负,被谦恭取而代之,而谦恭可使你得到更和谐的人际关系;失败使你重新认识你在身心方面的资产和能力;失败借着使你接受更大挑战的机会,增加你的意志力。在成功与失败互换推动与转化中,你的人生将日益成熟与完美。

01　积极迎接失败的挑战

一次成功的远洋航行,必定要经受无数次暴风雨的洗礼;一次成功的探险,必定要克服无数的艰难险阻;一次成功的登月,更是要人类无所畏惧,甚至付出生命的代价……成功的路上,失败是不可避免的,放大痛苦只会让你更痛苦,只有正确对待失败,才能成功。

在克服失败的旅途中,我们不仅时时受到外界的压迫,而且还时时受到自身的挑战。我们认为自己无法抵挡困难,我们不是被对手击倒的,而是被自己打败了。事实上,我们每个人,即使是最坚毅、最具英雄气概的人,一生中的大部分时间都是在失败的恐惧中度过的。

一个不敢挑战自我的人,如果经受不住考验,就不可能成功。只有激起挑战生存困境的勇气和决心,才能战胜自我。这就是心理学上的"奋起效应"。

"奋起效应"是一种积极效应。当一次大的挫折后,受挫人不仅不气馁,反而激发起改变现况、奋力向上的意志,从而迅速成功的心理效应,就是"奋起效应"。

瑞典著名化学家诺贝尔被认为是"科学疯子"。诺贝尔一生致力于炸药的研究,共获得技术发明专利355项。诺贝尔在瑞典的时候,开始制造液体炸药硝化甘油。这样的大危险在这种炸药投产后不久得到了验证。工厂发生爆炸,诺贝尔最小的弟弟埃米尔和另外 4 人被炸死。由于危险太大,瑞典政府禁止重建这座工厂,被认为是"科学疯子"的诺贝尔,只好在湖面的一支船上进行实验。诺贝尔将火棉与硝化甘油混合,得到胶状物质,称为炸胶,比达纳炸药有着更强的爆炸力,在 1887 年的时候诺贝尔发明了无烟炸药。

失败可以毁灭一个人,也能够成就一个人。对于意志坚定的人来说,失败恰好提供给他最需要的意志,就是因为失败的教训,才把他推向成功。

许多伟人、成功的企业家大都有过类似的经历,他们有的甚至认为,有没有这样的经历,是一个人能否有成就以及有多大成就的试金石。能否踏过坎坷,迈向光明,往往就在一念之间。

美国著名电视节目主持人亚特·林克勒特说:"我刚刚步入这个社会时所遭受的打击正是我后来事业成功的基础。"我们愈不把失败当作一回事,失败就愈不能把我们怎么样。只要我们坚持下去,成功的可能性就愈大。

因此,我们要增强自己坚持下去的决心,因为每一次的失败都会增加下一次成功的机会。每个追求成功的人都是沿着"挫折—克服危机—再挫折—再克服危机"的模式前进的,失败的屠宰场不是命运的归宿。

心理学感言

一个人的态度反映了他内心的想法。有积极态度的人始终用最积极的思考,最乐观的精神和最辉煌的经验支配和控制自己的人生。失败者刚好相反,他们的人生是受过去的种种失败与疑虑所引导和支配的。所以,我们要学会以积极的态度去面对生活中的事情,不惧怕失败,只要坚持,就有可能成功。

02　既要赢得起，也要输得起

人生难免成败，做一个人不仅要能赢得起，同时也应输得起。因为胜败实乃兵家常事，也是人生常事。能以客观、平常心去看待这种胜负，不那么计较成败，便可在糊涂时，拥有良好的心情，才不至于在胜利时冲昏头脑，在失败时，耿耿于怀，一蹶不振。

在一次残酷的长跑角逐中，参赛的有几十个人，他们都是从各路高手中选拔出来的。

然而最后得奖的名额只有3个人，所以竞争格外激烈。

一个选手以一步之差落在了后面，成为第四名。

他受到的责难远比那些成绩更差的选手多。

"真是功亏一篑，跑成这个样子，跟倒数第一有什么区别？"

这就是众人的看法。

这个选手若无其事地说："虽然没有得奖，但是在所有没得到名次的选手中，我名列第一！"

谁说跑第四名跟跑倒数第一没有什么区别！在竞争中，自信的态度远比名次和奖品更为珍贵。赢得起,也输得起的人,才能够取得大的成就。

如果你不能将输赢看淡,而是格外认真的地计较这一切,结果很有可能会事与愿违。

周谷城先生有一次在接受记者采访时,记者问他,"您的养生之道是什么?"他回答说:"说了别人不信,我的养生之道就是'不养生'三个字。我从来不考虑养生不养生的,饮食睡眠活动一切听其自然。"他讲得太好了,对比那些吃补药吃出毛病来的,练气功练得走火入魔的,长跑最后猝死的,还有秦始皇汉武帝等追求长生不老之药的,贾家宁国府里炼丹服丹最后把自己药死的……他的话很清楚地说明了糊涂做人的深意。

1996年英国举行的欧洲杯足球锦标赛半决赛,竞争双方分别是德国队和英格兰队。英格兰队状态极佳,又是在家门口比赛,志在必得。德国队当时也处在高峰时期。90分钟内两队踢了个平局,加时又是平局,最后只得点球大战决胜负。英格兰队极兴奋,踢进一个点球球员就表露出兴奋若狂不可一世的架势,而德国队显得很冷静,踢进一个点球也基本上无甚反应。后来,英格兰队输了。一位中国足球评论员说:"英格兰队太想赢了,所以反而输了。"

查斯特·菲尔德说:"一个富足的个性,在生活中能够笑看输赢得失。他们深信自然和自己的潜能足以实现任何梦想,认为一个成功者周围倒下千百个失败者是不成功的,真正有效的成功者,只在自己的成功中追求卓越,而不把成功建立在别人的失败上。"有首禅诗写道:"尽日寻春不见春,芒鞋踏破岭头云。归来都把梅花嗅,春在枝头已十分。"当我们拼命在物质世界中寻求快乐的时候,往往忽略了我们的内心世界——自己的精神家园,而当我们真正静下心来,重新审视自己的时候,却会发现,真正的快乐只来自于自己内心的安详。

人生无论成败,都没有什么值得牢记于心的。糊涂一点,尽快忘记那些过去的不快记忆,才会少一些压力,以后的路才能走的更顺畅。

韩国早期有一位乒乓球运动员李善玉,在国内屡战屡胜。一次代表国家队参加世界锦标赛,临赛前的一天晚上,她承受不住心理压力,用刀将自己的手腕割破,谎称有人行刺她后跑了。结果这件事被查出,成为国际上一大丑闻,为此国家队将她除名。

但在随后的韩国国内比赛中,她又屡屡获胜。为了给她机会,国家队又将她重新召回。在一次国际重大比赛中,她遭遇一名之前从未输过的德国运动员。开始,李善玉连赢两局,第三局对方赶上几分后,李善玉开始动摇了,结果连输三局。外电评论:李善玉没输在技术上,而是输在只想赢不想输的心态上。

李善玉的这一路因赢得起却输不起,走得坎坷崎岖。这便是不能糊涂就不能胜利的代价。

心理学感言

每个人都不必总乞求阳光明媚,暖风习习,要知道,随时都会狂风大作,乱石横飞,无论是哪块石头砸了你,你都应有迎接厄运的气度和胸怀,在打击和挫折面前做个坚强的勇者,跌倒了再重新爬起来,将自己重新整理,以勇者的姿态迎接命运的挑战。

03　失败并不可怕,退缩才可耻

人生无坦途,在漫长的道路上,谁都难免要遇上厄运和不幸。人类科学史上的巨人爱因斯坦在报考瑞士联邦工艺学校时,竟因三科不及格而落榜,被人耻笑为"低能儿"。小泽征尔这位被誉为"东方卡拉扬"的日本著名指挥家,在初出茅庐的一次指挥演出中,曾被中途"轰"下场,紧接着又被解聘。为什么厄运没有摧垮他们?因为在他们眼里始终把荣辱看作是人生的轨迹,是人生的一种磨炼,假如他们对当时的厄运和耻笑不能泰然处之,也许就没有日后绚丽多彩的人生。

生活中,总有各种各样的失败,情感上的,生意上的,学习上的,失败是不断伴随着我们的。人们遇到失败时,会采取各种各样的态度。综合起来,有两种不同的态度,一种是对失败采取积极进取的态度即理智的态度,这时的失败激励人追求成功;另一种是采取消极防范的办法即非理智的表现,这时的失败使人放弃目标,甚至造成伤害。

无论对于谁,面对失败的时候最应该做的就是挺住失败给自己带来的打击,用坚持不懈的努力来开辟全新的道路,曾在伊利打拼的蒙牛集团老板牛根生就是这么做的。

1987年,当时还在伊利工作的牛根生正在为新出的雪糕搞调研,当他将开发出来的雪糕拿给儿子品尝时。不料,儿子仅咬了一口,就将整支雪糕扔到了地上。他没有怪儿子,而是反思自己的产品:产品做不好,连自己的儿子都不理会,更何况消费者呢?

从那时起,牛根生发誓要把伊利雪糕做成中国第一!为了做出品牌,他去求教一位非常著名的策划人。三番五次登门拜访,但是人家一次又一次地推掉。牛根生对策划人说,自己虽然是卖冰棍的,但是自己表哥非常了不起。策划人问:你表哥是谁?牛根生说:卖可口可乐汽水的。卖冰棍的是卖汽水的孪生兄弟,既然可口可乐可以做品牌,卖冰棍的为什么就不能做品牌呢?

几年后,牛根生做到了:伊利雪糕风靡全国,销售额由1987年的15万元增长为1997年的7亿元,成为中国冰淇淋第一品牌。牛根生的区域销售额占到伊利总销售额的80%。

很多成功的人在尝试之初往往要遭受一定的失败,这是毫无疑问的,毕竟世界上的事情都不可能是一帆风顺的。那么,同样是失败的尝试,为什么有的人最终成功了呢?原因很简单,那些成功的人在尝试失败之后挺住了,挺住了失败带给他们的苦难,所以最终才能品尝到成功的甘甜,才能感悟到成功带给他们的喜悦泪水。

失败是存在于失败者心中的一种感觉,是他们在实现自己目标的过程中,由于行动上受到阻碍而产生的一种悲观情绪。越来越大的竞争压力使我们的工作处于不稳定的状态,它可能会随时抛弃我们而选择更加出色的人。这种竞争的残酷性也在一点一点地剥蚀着我们的自信,所以,有的人就会在一次次的失败中,破罐子破摔,沉沦下去,从此一蹶不振。这种现象在心理学上就叫"破罐效应"。

失败并不可怕,可怕的是失败后我们没有从中学到任何东西,哪怕是一点点的收获！总结经验，然后我们就要再重整山河，从零开始，继续前进，万万不可从此永无斗志地沉没下去！"失败是成功之母"，其实单纯的失败并成为不了成功之母，只知失败，不知总结，那我们就永远只有失败，只有失败——总结——实践，这样，失败才能成为成功的母亲。

心理学感言

失败并不可怕，可怕的是自己不敢面对失败、害怕失败，遇到困难就放弃。只要把每一次失败都看作新的起点，看作新的动力，坚持不懈、加倍努力，就一定能成功。在艰难的人生道路上，越遇到失败越要振作，越要拼搏。其实，失败只是短暂的，只要鼓起勇气，去战胜新的困难，就一定能迎接胜利的明天！

04 失败也是一个机会

在我们的人生旅途中，机会无处不在。但机会又是稍纵即逝的，你不可能在做好所有的准备后再去把握。这就要求我们有一种试错精神。即使最后证明自己错了，也不会后悔。因为你把握了机会，而且至少知道了你先前把握机会的方式是行不通的。人们常说的失败是成功之母，失败是一笔财富，含义也大致在此。

宝洁公司有这样一个规定：如果员工三个月没有犯错误，就会被视为不合格员工。对此，宝洁公司全球董事长白波先生的解释是：那说明他什么也没干。

汽车工业是个"全球性"工业，20世纪60年代末，日本企业大规模向外发展是从汽车开始的。但日本汽车第一次尝试进军美国市场，却以失败告终。面对失败，它们不埋怨、不相互指责，而是举国一致、重新部署，反复斟酌查找失败的原因，在总结经验教训的基础上他们重新确定了向美国提供油耗低、质量好、符合美国人的操作习惯、具有美国风格的美式汽车的战略。实践证明，他们的新战略是可行的。

IBM公司在1914年几乎破产,1921年又险遭厄运,20世纪90年代初再次遭遇低谷。但是,在一次次纠错中,他们最终都战胜了暂时的困难。有一次,IBM公司的一位高级负责人曾由于工作严重失误,造成了1000万美元的损失,他为此异常紧张,以为要被开除或至少受到重大处分。后来,董事长把他叫去,通知他调任,而且还有所提升。他惊讶地问董事长为什么没把他开除,得到的回答却是:要是我开除你,那又何必在你身上花1000万美元的学费?

美国管理学家彼得·杜拉克认为,无论是谁,做什么工作,都是在尝试错误中学会的,经历的错误越多,人越能进步,这是因为他能从中学到许多经验。杜拉克甚至认为,没有犯过错误的人,绝不能将他升为主管。日本企业家本田先生也说:"很多人都梦想成功。可是我认为,只有经过反复的失败和反思,才会达到成功。实际上,成功只代表你的努力的1%,它只能是另外99%的被称为失败的东西的结晶。"

著名的比伦定律就是这样说的:失败也是一种机会。若是你在一年中不曾有过失败的记载,你就未曾勇于尝试各种应该把握的机会。

中国有句众所周知的俗语:"失败是成功之母。"太过一帆风顺,从不犯错的人很难相信他会取得多么了不起的成绩。纵观全世界的历史伟人或者当今的领袖人物,无论是商场上还是政场上,成功的人中无不经历过各种各样的失败和挫折,而能够从这些挫折和失败中不断爬起来的人都取得了成功。无论是政治伟人,还是商场巨人,都是经历过很多的挫折的人。

心理学感言

不要因为害怕失败而犹豫不决,因为害怕犯错而缩手缩脚,失败也是一个机会,是一个可以比从成功中学到更多东西的机会。怎样对待"失败"是人生旅途中回避不了的问题。一个有所作为的人,他会知道从失败中记取"应该做什么"和"不应该做什么"的教训,不单是从失败中找到能够孕育出成功的"成功之母",更是从失败中更多地知道了应该做什么,应该割舍什么。不要为失败而后悔,而要通过失败学习自己原先不知道的东西。知道了这些,就能把握住后来的机会。

第二章

如何在职场交往中识别他人的心理

俗话说,"人心隔肚皮。"行走职场,我们要想掌控对方,并不是一件容易的事情。但是,人的想法会不经意地通过一些外在的行为表现出来,从而被他人觉察到。因此,我们能够通过一个人的外在表现,轻而易举地识别对方,深入细致地了解他人的内心世界。

一、如何获得他人的好感

在人性丛林中,每个人的性格与爱好都有所不同。生活中有这样一种人,他们善于揣测他人的意图,逢迎他人的喜好,以使自己做出讨人喜欢之举。虽然这种人不值得效仿,但有一点对世人应有所启发:他们为何要逢迎他人的喜好呢?无非是有人喜欢他们如此。所以,我们在求人办事的过程中,千万不要忽视了一点,即满足他人的兴趣,投其所好地说话、办事。即便如此,我们也不应该无原则地迎合,而要学会坚持自己的底线。

01 关注对方的喜好,满足对方的愿望

美国独立战争时有一个著名的高级将领叫伊德·乔治,在战争结束后他依旧雄踞高位。于是有人问他,"很多战时的领袖现在都退休了,你为什么还能身居高位呢?"

乔治回答说:"如果希望保持官居高位,那么就应该学会钓鱼。钓鱼给了我很大的启示,从鱼儿的愿望出发,放对了鱼饵,鱼儿才会上钩,这是再简单不过的道理。不同的鱼要使用不同的钓饵,如果你一厢情愿,长期使用一种鱼饵去钓不同的鱼,你一定是劳而无功的。"

这是从钓鱼中所悟出的人际交往的原则,是经验之谈,也是深刻领悟人性心理所得出的智慧的总结。

卡耐基说:"每一年的夏天,我都去梅恩钓鱼。以我自己来说,我喜欢吃杨梅和奶油,可是我看出由于若干特殊的理由,水里的鱼爱吃小虫。所以当我去钓鱼的时候,我不想我所要的,而想它们所需求的。我不以杨梅或奶油作引子,而是在渔钩上扣上一条小虫或是一只蚱蜢,放进水里,向鱼儿说:'你要吃那个吗?'"

第二章 如何在职场交往中识别他人的心理

钓鱼的道理谁都应该懂。可是如果你希望拥有完美的交际,为什么不采用卡耐基的方法去"钓"一个个的人呢?

卡耐基还说,世界上唯一能够影响对方的方法,就是时刻关心对方的需求,并且还要想方设法满足对方的这种需求。

汽车大王亨利·福特曾说过这样的至理名言:如果成功有什么秘诀的话,那就是站在对方的立场来看问题,并满足对方的需求。

这话实在是再简单、再浅显不过了,任何人都能够理解其中的道理,任何人都能够获得这种技巧。可是这种"只想自己"的习惯却很不容易改变,因为自从你来到这个世界上,你所有的举动、出发点都是为了你自己,都是因为你需求些什么。

一旦你思考问题的角度变成别人的需求,你会更容易达到自己的目的,所得到的也会更多。

人们去买一样东西,是因为它能满足自己的需求。假如有个推销员,他的服务和货物,确实能够帮助人们解决一个问题,他不必喋喋不休地向对方推销,对方也会买他的东西。

所以欧弗斯基德教授说:"先激起对方某种迫切的需求,若能做到这点就可左右逢源,否则会到处碰壁。"

怎样才能知道对方想要的是什么呢?当然就是沟通,对在沟通中获取的信息进行分析和判断,我们就比较容易知道对方想要的是什么。

其实,在日常生活中,我们经常会遇到各种各样的障碍,拨开这些障碍所散播的迷雾,我们会发现,在很多情况下,是我们并不清楚对方想要的到底是什么,如果我们无法满足对方的需求,就容易使问题复杂化。

激起并满足对方的需求,其实并不难,我们可以从以下几方面着手:

(1)尊重的需求。自尊心自幼即有,一旦受到伤害,便会痛苦不已。如果受到尊重,则会感到欣慰和满足。

(2)自主和表现的需求。人人都希望按自己的思想和意志办事,这就是自主的需求。每个人都希望在别人面前表现自己,于是尽可能发挥自己的才能,运用自己的智慧,创造出可观的劳动成果,使自我表现心理得到满足。

(3)爱好和感情的需求。人都有各自的爱好,你应尽可能为满足对方的心理需求提供方便,这样会使对方得到最大的满足。

(4)交往和社交的需求。社会是人们生活乐趣的源泉之一,不要忽略了这点。

(5)宣泄的需求。人逢不快或心情郁闷时,总想找人诉说一番一吐为快。如果你能充当这个角色,那么就不要错过。

心理学感言

需求是指个体在社会生活中缺乏某种东西在人脑中的反映,它既是一种主观意识,也是一种客观需要的反映。其中包括人的生理需要和人的社会需要——即人的物质需要和精神需要两个方面。需求是人的积极性的基础和根源,满足了对方的需求,就可以获得对方的好感。

02 与人建立友好的信任关系

在人际交往中,彼此会相互影响。这种相互影响有时是无意的,有时则是有意的,即一方对另一方有意识地施加影响,以便矫正对方某种行为。有意施加影响的技巧很多,其中"自己人效应"便是其中之一。所谓"自己人",是指对方把你与他归于同一类型的人。"自己人效应"是指对"自己人"所说的话更信赖、更容易接受。

冯玉祥将军在他的"丘八诗"中号召士兵"重层压迫均推倒,要使平等现五洲"。他热爱体贴士兵,关心他们的生活,曾亲自为伤兵尝汤药,擦身搓背,甚至和士兵一样吃粗茶淡饭。所以,士兵们都感到冯将军没有架子,与自己处于平等地位,因而都尊重和听他的话,有什么想不通的事都愿意找他说。

说服别人按照你的建议去做,只是向人们提出好建议是远远不够的,可以强化和发挥"自己人效应",让人们喜欢你,避免好的建议遭到拒绝。

"自己人效应"运用的关键,其实就是获得他人的好感、建立友谊。而影响人们喜欢一个人的因素有很多种,因此,这些都可以作为我们的策略。

首先就是外表的吸引力。

相信上学时很多人都会遇到这样的情况：老师对那些漂亮的孩子们比较偏爱，通常认为漂亮就等于学习好；而长大后，我们大多数人依然有着这样的看法：漂亮就等于人品好。

其实，这不是我们的错，这就是"自己人效应"的表现。因为一个人的某一个正面特征会主导人们对这个人的整体看法。

虽然我们都知道评价一个人应该全面和客观，但那只是理想，很多人在 7 秒钟内就被人拒绝了。而有些人，却一见钟情。

这里所说的外表，不仅仅是外表，还包括言谈举止。而这些，跟我们的相貌、衣着等一起，形成了给他人的第一印象。你决定不了自己的相貌，但是你一定要注意自己的仪表、谈吐和举止，这也决定了你在对方心目中是否能受到欢迎。

其次，应强调双方一致的地方，使对方认为你是"自己人"，从而使你提出的建议易于被接受。所谓"双方一致的地方"，就是相似性。

物以类聚,有着相同兴趣、爱好、观点、个性、背景甚至穿着的人们,更容易有亲近感。你要想取得对方的信赖,先得和对方缩短心理距离,与之处于平等地位,这样就能提高你的人际影响力。

再次,要有良好的个性品质。良好个性品质是增强人际影响力的重要因素。心理学研究证明:具备开朗、坦率、大度、正直、实在等良好个性品质的人,人际影响力就强;反之,有傲慢、以自我为中心、言行不一、欺下媚上、嫉贤妒能、斤斤计较等不良个性品质的人,是最不受欢迎的人,也就没有人际影响力可言。所以,我们每个人都要加强良好个性品质修养,以增强自己的人际影响力。

最后则是称赞。

从心理学来说,每个人的内心都是渴望被赞赏的。而发自内心的称赞,更会激发人们的热情和自信。古往今来,很多看似无德无能之人,却能得到重用,这便是最重要的法宝之一。

心理学感言

喜好,这是个简单而有用的原理。人们总是比较愿意答应自己认识和喜好的人提出的要求,因此有时也称之为"自己人效应"。其应用的关键就在于如何获得他人的好感及建立友谊。为此,你可以通过提高外表的吸引力、寻找并增强与对方的相似性、与对方接触等来实现。

03　迎合之下不可失了骨气

美国一个农庄的庄主拥有不少的黑奴。有一天下午,这个庄主与自己的儿子在磨坊里磨麦,当他们正忙的时候,磨坊的门静静地被打开了,一名黑奴的孩子走了进来。

庄主回头看了看,语气恶劣地问她:"什么事?"

那男孩子稚声稚气地回答:"我妈让我向您要五毛钱。"

"不行!你这个黑奴崽子,穷鬼,滚回去!"

"是。"男孩答应着,可是一点也没有要离开的意思。

庄主只专心埋头工作,根本没察觉他还站在那儿。后来再抬起头,看到男孩还静静地站在门口。庄主火了,大声赶他:

"我叫你回去,你听不懂啊!再不走,我要你好看!"

男孩依旧应了声:"是。"却仍然动也不动地站在那儿。

这可真把庄主惹恼了,他火冒三丈,重重放下手头的一袋麦子,顺手抓了身边一把秤杆,怒气冲冲地朝男孩走去。然而,那个男孩毫无惧色,不等庄主走去,反先迎着他踏前一步,眼睛眨也不眨地仰视着凶恶的主人,斩钉截铁地说道:

"我妈说无论如何都要拿到五毛钱!"

庄主一下愣住了,细细地端详男孩的脸,缓缓放下了秤杆,从口袋里掏出五毛钱给了男孩。

原本怒气冲冲的庄主为什么会向一个黑人小男孩妥协?因为小男孩不被他的气势所吓倒,反而以硬对硬,挫败了他那不可一世的霸气。

黑人男孩获胜的法宝是什么?其实就是他寸步不让的硬气。

常言道:"柿子只找软的捏。"欺软怕硬是人们的一种常见的心理。

第二次世界大战,英国首相张伯伦对贪婪残暴的希特勒妥协,制订了荒唐愚蠢的绥靖政策,试图以牺牲一个捷克斯洛伐克来满足希特勒的侵略欲望,却不料希特勒更加趾高气扬,将此举看成是对方软弱与恐惧的表现。随后,希特勒采取了更为大胆的行动,最终导致了战争的爆发,结果让5000万无辜的人丧失了宝贵的生命。

对于整个人类,这是一个惨痛的教训。对于每一个公民,这也是值得铭记在心的。

为人处世,和睦友好相处是原则,不过这是有条件的。这个条件就是相处的对方也是一个渴望和平友好、有理智、讲道理的正常人。

如果对方原本就狂暴、粗俗、不讲道理、欺软怕硬,你大可不必为了与之建立友好的关系而一味地退让,更不能对其低声下气。那样,只会使他傲气冲天,得寸进尺,更加不把你放在眼里。

心理学感言

欺软怕硬是人们的一种常见心理。为人做事,应力求与人友好相处。不过,如果对方原本就狂暴、不讲道理、欺软怕硬,你大可不必一味退让,更不能对他低声下气。反之,你应该寸步不让,以硬气予以回击,坚持自己的做事原则,维护自己的利益,对方最终会屈服于你。

二、宽厚待人,才能广结人缘

上德若谷,宽厚容人。一个人必须具备海纳百川的气度和虚怀若谷的雅量,要善于容人,能容人之长不嫉妒扼才,容人之短不求全责备,容人之过不斤斤计较。也就是说,要有容人之短的雅量,容人之异的气度。

01　要想人敬己,先要己敬人

俗话说得好:"人敬我一尺,我敬人一丈。"言下之意,尊重人的首要条件是你得先尊重我,我才尊重你,否则,便难得到我的尊重。强调同事

第二章 如何在职场交往中识别他人的心理

间彼此尊重是没错的,但过分注重前提条件,总是要求别人先尊重自己,而不想着自己如何尊重别人,那还能形成彼此间的尊重吗?虽然这是很普遍的心理,因为每个人都希望得到别人的尊敬。但是,那些聪明的人,不会先要求别人的尊重,而是首先"敬人一尺",然后自然会得到"人敬一丈"的回报。

闻名全球的时代华纳公司创始人罗斯,年轻时曾在一家殡仪馆任总裁,后来才投资娱乐业,并收购了多家电影、唱片及艺术公司。

作为一个外行,要经营一份专业性极强的事业,难度可想而知。但他能够运用内行代他经营,所以他的事业做得很成功。

罗斯求贤若渴,千方百计地将各种人才网罗到华纳旗下。即使暂时用不上,他也要请进来,这个部门不行,就调到另一部门,而且绝不轻易解雇人。

有一次,罗斯收购了大西洋唱片公司,并希望该公司总裁厄地根继续担任原职。厄地根听说罗斯出身于殡仪业,顿生轻视之心,打算挂冠而去。罗斯求贤心切,他特地邀请厄地根的一位好朋友,一起去拜访厄地根。厄地根以为罗斯是个大老粗,用法语对朋友说:"我不可能与这些人共事!"罗斯也学过法语,立即用流利的法语回敬道:"我将保证你拥有现在的一切权力。"

罗斯的诚意终于使厄地根改变了主意,决定留在华纳效力。

还有一次,罗斯收购了美国电视传播公司。他亲自拜访该公司原总裁史丹,劝他留任。罗斯打听到,史丹有一个关于有线电视的全新计划,却因资金不足无法实现,至今引为憾事。于是,他对史丹说:"请你以你的想象力来告诉我,在未来五年内,要建立所有的有线电视系统并实现你的梦想,大致需要多少资金?"

史丹一闻此言,立即决定加盟华纳。日后,史丹在实现梦想的同时,也为华纳的有线电视业立下了汗马功劳。

其实,大部分人都怕别人敬,不怕别人贬低。正像有些人说的:怕表扬,不怕批评。为什么会有这种心理呢?这是因为,要把事情做得漂亮是

69

职场必备的心理学

很难的,马马虎虎对付却很容易。你把他看低,他正好拣容易的做,马马虎虎对付你一下。你把他看高,他拗不过你的好意,只好勉为其难地往好里做。

所以,在生活中,为了让对方的表现合乎你的期望,最好是聪明点儿,千万不要随便贬低别人。否则,他的表现可能像你所说的一样糟糕。

当别人尊重自己时,尊重别人很容易做到;而别人不尊重自己时,仍能尊重别人就不容易了。其实,在别人不尊重自己时,也能做到宽宏大量、尊重对方,则更为可贵。

心理学感言

人都有一定的自尊心,你要想别人尊重你,首先便要尊重别人。一个不尊重别人的人,是绝不会得到别人尊重的。所以,我们要获取他人的好感和尊重,首先必须尊重他人。要做到尊重他人,首先必须平等地对待每一个人。心理学研究表明,人都有友爱和受尊敬的欲望,友爱和受尊重的希望都非常强烈。在沟通中,千万不要伤害对方的自尊,否则,受损失的一定是你自己!

02　学会换位思考

换位思考是消除隔阂、转化矛盾的溶解剂,换位思考是达成共识、增进团结的阶梯,换位思考是宽容大度的一种人格表现,换位思考是每个人在社会交往中的一门必修课。学会换位思考对于企业、家庭、社会来说,都是构建和谐离不开的法宝。

所谓换位思考,一般是指在双方意见发生分歧或产生矛盾时,能够站在对方的立场上考虑问题,进而提出双方都能够接受的意见或建议,最终解决问题,实现双赢或多赢。

小猪、绵羊和奶牛被关在同一个畜栏里。

有一天,小猪被牧人捉住,它大声嚎叫,并且猛烈地反抗。绵羊和奶牛讨厌它的叫声,便说:"牧人常常捉我们,但我们却不大呼小叫。"小猪听了回答道:"捉你们和捉我完全是两回事,他捉你们,只是要你们的毛和乳汁,但是捉住我,却是要我的命呀!"

这则寓言说明了一个浅显的道理:立场不同、所处环境不同的人,对同一问题的看法、处事态度肯定会有所不同。

正因为人们对问题的看法、处世态度有很大差别,所以人与人和睦相处,换位思考很重要。卡耐基先生说:"与人相处能否成功,全看你能不能以同情的心理,体谅和接受他人的观点。"以同情的心理,站在对方的立场去看待问题,体谅他人的想法就是换位思考。

换位思考是人际沟通的一大技巧,对交流双方都有好处。因为站在对方的角度考虑问题,传递的是对对方的尊重与体贴,彼此间容易产生好感、形成理解,并做出积极回应。

在人际交往中,换位思考犹如润滑剂,能够促进沟通的顺利进行,甚至能够化解矛盾。

卡耐基每季都要在纽约的一家大旅馆租用大礼堂用以讲授社交训练

职场必备的心理学

课程。有一个季度,他刚准备授课,忽然接到通知,旅馆经理要他付比原来多3倍的租金。而这时,入场券早已发出,其他准备开课的事宜都已办妥。

两天以后,他去找经理,说:"我接到你们的通知时有点震惊,不过,这不怪你,假如我处在你的位置,或许也会写出同样的通知。你是这家旅馆的经理,你的责任是让旅馆尽可能地多盈利。不过,让我们来合计一下,增加租金,对你是有利还是不利。

"先讲有利的一面。大礼堂不出租给讲课的而是出租给举办舞会、晚会的,那你可以获大利了。因为举行这一类活动的时间不长,他们能一次付出很高租金,比我这租金当然要多得多。租给我,显然你吃大亏了。

"现在,来考虑一下不利的一面。首先,你增加我的租金,由于我付不起你所要的租金,只好离开,这样一来,你的收入反而降低了。还有,这个训练班将吸引成千的有文化、受过教育的中上层管理人员到你的旅馆来听课,对你来说,这难道不是起了不花钱的活广告作用吗?事实上,假如你花5000元钱在报纸上登广告,你也不可能邀请这么多人亲自到你的旅馆来参观,可我的训练班给你邀请来了。这难道不合算吗?"

讲完后,卡耐基告辞了,并说:"请仔细考虑后再答复我。"当然,最后经理让步了。

第二章 如何在职场交往中识别他人的心理

卡耐基并没有说一句他想要什么，他的成功在于他始终站在对方的角度想问题。

一味地从自己的角度考虑，不管别人的感受，是不可能得到他人的理解与认同的。可以设想，如果卡耐基气势汹汹地跑进经理办公室，与之辩论，即使他能够辩得过对方，旅馆经理的自尊心也很难使他认错而收回原意。

在企业生存和发展过程中，无论领导还是员工都要面对很多不熟悉、不理解、不清楚的东西，如果两者之间学会换位思考，就会消除不必要的误解和隔阂，就能在领导与员工之间形成同频共振，不会形成"你吹你的号，我唱我的歌"的被动局面。

对于企业管理来说，换位思考是最适用的一把沟通"钥匙"。美国玫琳·凯化妆公司的创办人玫琳·凯女士，在面对员工的时候，总是设身处地地站在员工角度考虑问题，总是先如此自问："如果我是对方，我希望得到什么样的态度和待遇。"经过这样的考虑，往往再棘手的问题都能很快地迎刃而解。

同事间多一些换位思考，岗位上就架起了相互理解的桥梁，就可消除"不愉快的事情"，促使团队更具凝聚力；家庭成员间多一些换位思考，家庭里就会始终充满和睦相处的氛围，再没有不必要的"冷战"，只有更多的欢声笑语；社会上人与人之间多一些换位思考，就可以将复杂的人际关系织成相敬相亲的纽带，避免出现"不必要的冲突"，使世界更加充满爱；全方位多一些换位思考，我们就能凝聚成巨大的力量，化解一切矛盾，战胜一切困难，和谐建设就会取得更大的成功！

心理学感言

以同情的心理、站在对方的立场去看待问题，体谅他人的想法就是换位思考。卡耐基先生曾说过："与人相处能否成功，全看你能不能以同情的心理，体谅和接受他人的观点。"

03　沉默是金

俗话说："言语伤人,胜于刀枪,刀伤易愈,舌伤难瘥。"与之相对,沉默则能化解矛盾,缓和冲突。

查理与汤姆森是业务部的两名得力干将,也同为销售部经理的候选人。公司有意考察他们的能力,派他们俩人一起出差,去洽谈一个大项目。这个项目与公司未来的发展关系重大,因此,公司要求他们随时汇报洽谈进展情况。

俩人都明白这次洽谈的分量,也知道彼此在洽谈中的表现将直接影响职务的晋升。刚开始,俩人配合还算默契,后来却因为一些小问题发生了争执。不过,洽谈工作进展还算顺利。按照公司要求,查理与汤姆森轮流向总经理汇报情况。查理认为,俩人有争执是在所难免的,每次汇报工作,他都只谈工作进展,从不提及对汤姆森的不满;而汤姆森则不一样,他把俩人协作的情况以及对查理的抱怨也作为了汇报工作的一部分。总经理感到有些奇怪,为什么自始至终都只听到汤姆森对查理单方面的抱怨呢?

工作结束,俩人高高兴兴地回到公司。令查理惊讶的是,见到汤姆森,同事们都一个劲地恭喜他,说他这次立功了,公司已放话会有重奖。相反,却没有人对自己表示祝贺。一位关系不错的同事告诉他,说大家都知道这次洽谈成功全靠汤姆森。正在这时,总经理打电话过来,叫查理去趟总经理办公室。

来到总经办,总经理热情地接待了他并询问了更多洽谈细节。他如实地一一作答。接着,总经理又向他了解汤姆森在洽谈中的表现,他也作出了客观的评价。

一个星期之后,公司宣布升任查理为销售部经理。理由是:公司选拔的领导者必须具备宽广的胸襟与度量。在整个洽谈过程中,查理体现了这一优秀品质。这件事情让查理深有感触,他更深刻地体会了"沉默是金"的道理。

第二章 如何在职场交往中识别他人的心理

　　沉默不仅能化解冲突,也可能产生意想不到的效果。正所谓言多必失,多言多败。大凡我们的语言总是有这样或那样的漏洞,许多人在缺乏自信或极力表现时,可能会因语言使用不当给自己带来麻烦。因此,在某些场合,沉默可以避免失言。

　　古代有名判官叫任迪简,一次赴宴迟到,按照规矩要被罚酒。谁知,倒酒的侍卫一时糊涂,错把醋壶当作酒壶,给判官斟了满满一盅醋。任判官刚喝了一口,就觉出了醋味。不过,他保持了沉默,咬紧牙关一饮而尽。他之所以这样做,是因为他知道,侍卫的领导对军队的管理极其严格,绝不容许手下人犯如此荒唐的错误。如果说出来,侍卫必遭杀身之祸。结果,任判官酸不可支,吐血而归。这件事情传出后,听说这事的人都感动得流泪。任判官这种为人厚道的品格深深为人所称道。

　　不过,不是谁都能在适当的时候保持沉默,沉默也是需要勇气与智慧的。什么时候应该保持沉默呢?

　　在自己不了解情况的时候。不论何时何地,如果不了解情况,不要乱发言。如果你是领导者,当员工内部发生争执,要求你做个公断时,适当的沉默是缓兵之计。在不了解情况或未经深思熟虑之前,绝不可表明自己的立场、发表自己的看法。

在自己没有把握的时候。在众人面前,对自己没有把握的事情保持沉默是明智之举。这样既能让自己表现得成熟、稳重,也可避免暴露自己的无知。

在自己想大发雷霆的时候。发怒通常于事无补,于人于己都不利。沉默这种简单的方法或许可以帮助你控制住情感。

心理学感言

沉默并非总是寡言的,沉默甚至是内涵丰富的、别样的表达方式。沉默能够化解一场可能到来的冲突,更能显示出一个人的博大胸襟。

三、适度地妥协胜过一味地坚持妥协

对人们来讲,说起来简单,但有的时候做起来却很难。妥协的结局有时是退一步海阔天空、两全其美或者是皆大欢喜,但有时还会适得其反,会丧失尊严,会背信弃义。

人应该先学会对他人和自己的退让和妥协。能够把自己压得低低的,那才是真正的尊贵。一个人再聪明也不宜锋芒毕露,不妨装得笨拙一点;即使非常清楚明白也不宜过于表现,宁可用谦虚来收敛自己;志节很高也不要孤芳自赏,宁可随和一点;在有能力时也不宜过于激进,宁可以退为进。

01　由浅入深易,由深入浅难

记得念书时,每次大考前,老师总是叮嘱我们:先做容易的,难的放到最后去做。

按照老师的话去做,果真越做越有信心,到最后,信心有了,不紧张了,思路打开了,难的也就变得容易了。

俗话说:"好的开始是成功的一半。"做事从容易的入手,这一方法不仅适用于考试,也适用于当事双方的谈判、交涉。

在与人谈判或交涉中,你若想融洽会谈气氛,打消对方的戒备心,不妨从一些他易于接受的小问题入手。一旦小问题解决了,双方的戒备心就容易消除,会谈信心就容易建立,彼此认同的情绪也逐渐蔓延,为解决最后、最难的问题打下良好的基础。

当然,有的人并不赞同这一观点。他们认为,如果在交涉中有多项待解决的事情,那么,在刚开始时就应该把其中最困难的问题提出来。在他们看来,一旦最困难的问题解决了,其他的问题往往也就迎刃而解了。

这话似乎也有道理。不过,这样做很冒风险,失败的可能性很大。

想想看,最困难的问题,往往是双方争议最大或积蓄多年难以解决的,要想一下子解决,通常不太现实。以此作谈判或交涉的第一事项,如果一开始就造成很大的分歧,双方很可能失去和谈的信心、等待的耐心。一旦双方争执不下、互不相让、关系破裂,问题就难以解决了。

职场必备的心理学

在一般情况下，一个聪明的交涉者，往往会在开始时就以比较简单的问题作为讨论事项。

在讨论这个事项时，他会说："看样子没有别的问题，至少对于这个问题，我们的意见是一致的，下一个事项与这个事项没有太大的差别……"

结果，五个问题中对方赞成了三个，继续使用这种方法，即使到了后面要讨论最大、最困难的问题，成功的机会也十之八九。

从最简单、最容易接受的事项一步步进入到较复杂、较困难的要求上来，这是让对方接受要求、满足你的苛刻条件的最好办法。

让一步往往就意味着让百步的结局。在日常生活中，运用这种心理战术去办事会顺利很多。

比如，你同时有几个问题需要别人帮忙解决，不要一开口就提出所有的问题，先选择一个对方容易帮忙解决的问题。这样，可消除对方的戒备心。

如果对方的戒备心已消除，你再提出那些稍难解决的问题。如果对方答应过你几次，感觉你的问题都不难解决。当你再提出那个最难解决的问题来，对方也往往会没有防备地帮你解决。

相反的，如果你第一次就提出最难解决的问题，对方最初就拒绝了你，恐怕你再提出其他容易解决的问题，对方也会予以拒绝。

这方法也可以用于批评人，先批评对方不痛不痒的小毛病，使其易于接受，然后循序渐进，将矛头指向症结所在，让其不知不觉地全盘接受。

心理学感言

从最容易接受的事项一步步进入到较复杂、较困难的要求上来，这是让对方满足你的苛刻条件的最好方法。让一步往往就意味着让百步的结局。人们的戒备心理就是这样，一旦第一道门槛被突破，便能让对方在不经意间做出许多让步而不自知，由此积累成大幅度的进展，最终达到目标。

02　示弱并不等于懦弱

　　一个人想要改变自己条件的强弱是不容易的,但他却可以通过示强或者示弱的方式来为自己争取到最有利的位置。

　　人生在世,总与这样或那样的人发生这样或那样的摩擦或形成对立关系。对立的情况一般有下面两种:一种是对方地位低于你,你高高在上,让他感觉你的优越性,心生妒忌;另一种是对方地位高于你,你冒犯了他,让他感觉你的大不敬,心生怒气。无论是哪一种情况,其根源是在你的面前对方感受不到自己的优越性。

　　我们都知道越王勾践的故事。越国国君勾践被吴国夫差打败以后,勾践作为亡国之君,不得不遵从吴王夫差的条件,带着自己的王妃虞姬,带着送给吴王的宫廷美女及金银财宝,怀着满腔的羞愧,去吴国做囚徒。

　　勾践一心想着报仇复国,但他深知,要想实现自己的抱负,除了要会忍之外,还必须以卑微的姿态来博取夫差的同情和怜悯。于是,他掩藏起自己的仇恨,辛勤劳作,除粪洒扫,养马放牧,从没露出一丝怨恨的神情。

　　一天,吴王夫差登上姑苏台,远远望见勾践和王妃虞姬在马粪堆旁端坐着,心里便有了些许的同情和怜悯。

　　他对身旁的太宰伯嚭说:"勾践在这种穷困的情况下还能坚持,真不容易,我很敬佩他的为人。"

　　伯嚭说:"不但可敬,看上去更可怜啊!"

　　夫差说:"太宰所言极是,我都有些不忍心再看下去了。如果他们能改过自新,我就赦免他们,让他们回国吧!"

　　过了几天,勾践听说吴王夫差生病了,就请求前来探视。他来的时候,正赶上吴王要大便,勾践便说:"臣在东海的时候曾跟医师学习过医术,通过观察人的粪便,就能诊断人的病情。"

　　吴王大便完毕后,差人将便桶拿到门外。勾践揭开桶盖,手取其便,

职场必备的心理学

跪在地上尝了尝。旁边的人都手掩着鼻子,脸上现出极度恶心的样子。随后,勾践又走到内室,跪下叩头说:"囚臣敬贺大王,您的病一过三天就会痊愈了。"

吴王夫差看他笃定的模样,便问:"你是怎么知道的?"

勾践说:"臣曾听医师说过,夫粪者,谷味也,顺时气则生,逆时气则死。今囚臣尝大王之粪,味苦且酸,正应春夏发生之气,所以知之。"

夫差大受感动,感慨着说:"你真是仁义之人啊!比我儿子对我还好。"

不久,夫差就赦免勾践回国了。这才有了后来的灭吴之举。

勾践凭什么赢得了吴王的同情和怜悯呢?那就是卑下的姿态,也就是向夫差示弱。

向对方示弱,让对方表现得比你优越,是人际关系学中一门很关键的学问。

法国哲学家罗西法古曾说:"如果你要得到朋友,就让你的朋友表现得比你优越;如果你要得到仇人,就表现得比你的朋友优越吧。"

在很多时候,卑下的姿态才能消除对方的敌意,赢得认可、友谊或同情。

对立者地位比你低,你表现出卑下的姿态,容易消除敌意,得到认可甚至赞赏;而对立者地位比你高,你表现出卑下的姿态,容易得到谅解、同情甚至怜悯。

当你面对一个讨厌你的人时,不妨大胆地示弱,放弃自己的优越感,让自己处于卑下的地位。这样,对方的怨气没了,反感自然也就没了。你被接受了,成了最后的赢家。可见,示弱并不等于懦弱,笑到最后才是最重要的。

心理学感言

没有人会喜欢比自己表现优越的人。向对方示弱,让对方表现得比自己优越,可消除对方的敌意,赢得认可、同情或赞赏,甚至友谊。

03　自嘲是一种智慧

自嘲，即自我嘲弄，就是要拿自身的失误、不足甚至生理缺陷来"开涮"，对丑处、羞处不予遮掩、躲避，反而把它放大、夸张、剖析，然后巧妙地引申发挥、自圆其说，取得一笑。

自嘲是一种拉近自己和别人之间距离的好方法。懂得自嘲技巧的人，不留痕迹地表达了他的谦虚，让别人不由自主地卸去了自己身上的武装。于是，就很容易让人和他打成一片。

从心理学的角度来讲，自嘲是一种幽默的生活态度，它表现的是自嘲者的低姿态，以及良好的修养。它不伤害任何人，相反，它体现了自嘲者的智慧，娱乐了大家。

当我们陷入窘境时，逃避并非良方，你怒不可遏地反唇相讥只会遭到更多的嘲讽，不如来个超脱，自嘲自讽，反而显得豁达和自信，维护了面子不说，还堵住了别人的嘴巴。

美国著名演说家罗伯特，头秃得很厉害，在他头顶上很难找到几根头发。在他过 60 岁生日那天，有许多朋友来给他庆贺生日，妻子悄悄地劝他戴顶帽子。罗伯特却大声说："我的夫人劝我今天戴顶帽子，可是你们不知道光着秃头有多好，我是第一个知道下雨的人！"这句自嘲的话，一下子使聚会的气氛变得轻松起来。

美国第 16 任总统林肯长相不佳，可他不但不忌讳这一点，反而他常常诙谐地拿自己的长相开玩笑。

在竞选总统时，他的对手攻击他两面三刀，搞阴谋诡计。林肯听了指着自己的脸说："让公众来评判吧，如果我还有另一张脸的话，我会用现在这一张吗？"

还有一次，一个反对林肯的议员，走到林肯跟前挖苦地问："听说总统您是一位成功的自我设计者？""不错，先生。"林肯点点头说，"不过我不明白，一个成功的自我设计者，怎么会把自己设计成这副模样？"

这两位伟人都有不尽如人意的地方。不过他们并没有遮遮掩掩，否

81

职场必备的心理学

认自己的不足，反而以此来自嘲，既带动了气氛，又显示了智慧，不能不说是一种人格魅力的突显。

自嘲能营造一种良好的氛围，拉近自己与他人的距离，甚至让你备受欢迎。通常，优秀的大人物自嘲可减轻妒意，无足轻重的小人物自嘲可苦中作乐。

适时适度的自我嘲笑，可让敌对的气氛变得友善，让他人在尽可能短的时间内接纳你。

丽莎在一家大公司的运输部门负责文书工作。当这个公司被另一个大公司合并以后，丽莎就在人事变动的波流中沉浮不定。新来的同事似乎对她不大友善，直到有一天丽莎运用了自嘲。"他们可不敢把我革职。"她解释说，"什么事我都远远落在人后。"

丽莎以取笑自己，使她的新同事和她一起笑，并帮助她建立友善合作关系。

当然，自嘲不是自我辱骂，不是出自己的丑。自嘲需要把握分寸。换句话说，自嘲时要超脱，但切忌尖刻，以避免让自己感到屈辱，让他人轻视。

心理学感言

从心理学的角度来看，自嘲是一种幽默的生活态度，它表现的是自嘲者的低姿态以及良好的修养，它不伤害任何人。相反，作为一种幽默的表达方式，自嘲在社交中有特殊的表达功能。它可以营造欢悦的气氛，可以拉近与他人的距离，可以化解尴尬，可以消除对方的妒忌。

四、拉近心与心的距离

聆听是一种最佳的沟通技巧，也是礼貌和诚挚的表现。聆听使对话双方更加融洽与信任，心灵的距离被缩短了。专心听别人讲话的态度是我们能够给予别人最大的赞美，别人也将会以热情和感激来回报你的真诚。

01 少说多听

最有价值的人，不一定是最能说的人！老天给了我们两只耳朵和一张嘴巴，就是让我们二者兼用！善于倾听，才是成熟的人最基本的素质！实践表明，不能耐心倾听对方发言是人际交往的一大忌，有经验的交际者大多不会犯这种错误。因此，少说多听，话语及时，是人际交往中十分重要的一个技巧。

通常情况下，缺乏交际经验的人都会认为自己和别人交流的任务就是谈自己的情况，让别人在最短的时间里了解自己。因此，在交谈中，他们总在心里想后面该说的话，却从来不去注意听对方发言，许多宝贵信息就这样失去了。因为他们错误地认为成功的交际是因为说得多才掌握了交流的主动。

然而，事实却并非如此，在人际交往中不仅要懂得说，更要懂得"会听，多听"。因为，"会听"是任何一次成功的交际都必须具备的条件。一个善于交际的人善于把50%以上的时间都用在"听"上面，而且是边听、边想、边分析，并不断地向对方提出问题，以确保自己能够准确地理解对方。他们仔细听对方说的每一句话，而不仅是他们认为重要的或想听的话，因此而获得大量宝贵信息，增加了彼此的机会。

曾经有个小国的使者来到中国，进贡了三个一模一样的金人，瞧着金

职场必备的心理学

人搞怪的模样,皇帝高兴坏了。可是这个小国的使者同时还出了一道题目:这三个金人哪个最有价值? 皇帝想了许多的办法,请来金匠进行检查,称重量,验做工,可都没能区别出来。

怎么办? 使者还等着回去汇报呢。泱泱大国,不会连这么个小问题都答不出吧? 最后,有一位临近退位的老臣说他有办法。

皇帝将使者请到大殿,老臣胸有成竹地拿出三根稻草,分别插入三个金人的耳朵里——插入第一个金人的稻草从另一边耳朵出来了;第二个金人的稻草从嘴巴里直接掉出来了;第三个金人,稻草进去后掉进了肚子里,什么响动也没有。老臣说:第三个金人最有价值。使者默默无语,答案正确。

这个故事告诉我们:最有价值的人,不一定是最能说的人。正如一句谚语所说的:"沉默是金,语言是银。"善于倾听才是成熟的人最基本的素质。所以,在人际交往中,我们要尽量鼓励对方多说,并提问题请对方解答,使对方多谈他们的情况,以达到了解对方的目的。总之,"谈"是任务,而"听"则是一种能力,甚至可以说是一种天分。但许多人并不懂得这个道理。当别人说的话自己不同意时,往往不待别人说完,就想插嘴。实际上,这样做是不理智的,不但不能使别人放弃自己的主张来迁就你的意见,反而会让别人觉得你是一个不懂得礼貌的人。你想,别人正有一大堆的话急于说出来,你随便插嘴,别人根本就不会注意你想表达的意思,也就是意味着说了也白说。

所以,我们必须耐心听,并且鼓励他把意见完全说出来。

那么，我们该怎样控制自己，让自己做一个"少说多听得人心"的人呢？

（1）学会倾听。听和说，即是语言沟通的行为。在谈话中要想将效果达到最佳状态，不但要说好，更要听好。但真正的说话技巧不仅是会说，还要会听。掌握良好的听话技巧，在谈话中能更好地联络情感，既满足对方的需求，又达到了自己的目的。

（2）用肢体动作倾听。在对话过程中，听话者的举首投足都代表一定的动作意图。要想更好地与对方交际，就必须会用一些必要的肢体动作，将你的意思传达给对方。明智的人会领会你的用意，相应的做一些调整，使谈话得到优化。肢体语言用得到位也很方便，有语言达不到的效果。比你直接向对方说出更合适。

（3）用眼神倾听。眼睛是心灵的窗户，要想淋漓尽致地表达自己的内心情绪，必须用好自己的眼睛。谈话时对方与你最直接的交流除话语之外，就是俩人的眼神。说话者想让你认真听他讲话，他一定用眼睛注视着你，而你认真聆听时也会专注地注视着说话人的眼睛。会用眼神倾听的人不但能给对方留下好印象，还容易与对方建立信任。

（4）明白一个道理：不开口的效果反而会胜过多说话。言多必失是很多人在交际的时候并没有认识到的一个方面。人们都知道在谈判中"言多必失"，其实交际也是如此。因为没有谁愿意和一个"话痨子"交往。

做一个善于交际的人，做一个别人喜欢和你交际的人并不难，只要你管住自己的嘴巴，竖起耳朵，多听少说，给自己一个了解别人的机会，也给别人一个介绍自己的机会，这样才是交际的健康之道！

心理学感言

只有用心倾听，我们才能获得说话者所要表达的完整信息，也才能让说话者感受到我们的理解和尊重。用心倾听向对方表达的是："我关心你的遭遇，你的生活和经历是重要的。"

02　善用沉默的力量

在一般工薪阶层的心目中，相信没有什么是比遇到一个爱挑剔的上级更令人沮丧的事情。下班后回到家里，你可能依然怨气未消，蹙着眉，对身旁的人怒目而视，随时准备迁怒于他们。可是，静心一想，他们招你惹你了？

毫无疑问，他们根本没错，你对亲人肆意放纵，也许能获得一时的快感，从他们身上找到一点平衡，但这却是治标不治本的愚蠢行为——让家人伤心，而且不能让你的上司不再挑剔。正视问题，尝试与你的上司和睦相处，针对事情而不是针对人，努力不把工作上的事与烦恼带回家，对不同的上司采取不同的态度。例如：上级蛮不讲理、无理取闹的时候，你应当毫不示弱、据理力争，抱着"错了我会承认，不是我的错而让我承认，恕难照办"的态度；上司非得鸡蛋里挑骨头，你就尽量少开口，以不变应万变。这样，你会工作得快乐一点。

老板故意跟你过不去，处处刁难你的原因多种多样，你也不必仔细琢磨、忐忑不安。虽然你的自尊很宝贵，但对付那些根本不讲理的人，又怎能计较那么多？不如相信"沉默是金"。

避免成为工作奴隶的有效方法是变为它的主人。同样地，想获得老板的尊重，首先你要自尊自爱，严于律己，言行一致，办事有原则，人家自然对你不敢小觑，就算是老板也不例外。英国一位作家在他的一本畅销书籍《工作、老板与你》中这样写道："一个好的职员，除了要有优秀的工作表现外，还需要懂得与其他同事相处，尤其是处理好与上级的关系。"

假如你以为理论始终是理论，知易行难，这样的想法显然是错误的。你只要把自己分内的工作完成妥当，切勿"练精学懒"，祸从口出。开始做事以前，先弄清楚老板的要求与工作期望，踏踏实实，自然就能减少出错的机会，也就减少了他挑出毛病的机会。此外，老板在责问你的时候，你要学会保持沉着冷静的态度，不要在心理上败给他，你也不必急着为自己辩护,要坚定地看着对方的眼睛,并且适时适度地运用沉默的力量。如果老板的挑剔没完没了,你的沉默就是最好的反击。

　　长时间的沉默会给人造成极大的心理压力。我们常常可以在电影、电视中看到这样的场景:监狱中有一个叫作禁闭室的房子,用来惩罚不听话的犯人。房间不仅非常狭窄而且最重要的是那里既见不到阳光又没有人可说话,犯人就那么静静地待着,一待几个星期或者更长。事实上,正常的人即使是在里面关上一天都感觉度日如年。因为人性是排斥黑暗和沉默的,沉默使人感到没有依靠,有的时候真的可以让人为之疯狂。所以,犯人常常会沉不住气,该说的就都说了。

　　正因如此,许多谈判桌上的高手才经常会利用"沉默"这张牌来打击对手,他们可以制造沉默,也有办法打破沉默,利用沉默来达到目的。

　　台湾有一个经营印刷业的老板,在经营多年之后想要退出印刷界。他原来从国外购进了一批印刷机器,经过几年使用后,扣除磨损应该还有240万美元的价值。他在心里打定主意,在出售这批机器的时候,一定不能低于240万美元的价格。有一个买主在谈判的时候,滔滔不绝地讲了这台机器的很多缺点和不足,这让印刷公司的老板十分生气。就在他忍不住要发作的时候,突然想起自己240万美元的底价,于是他冷静了下来,一言不发,任凭那个人继续滔滔不绝。那个人说了几个小时后,看着一言不发的印刷公司老板,再没有说话的力气了,最后突然蹦出一句:"嘿,老兄,我看你这个机器我最多能给你350万美元,再多的话我们可真是不要了。"于是,这个老板很幸运地比计划多赚了110万美元。

　　沉默当然不是指简单一味地不说话,而是一种成竹在胸、沉着冷静的姿态。尤其在神态上更是要表现出一种优势在握的态度,而逼迫对方沉不住气,先亮底牌。这只是表达力量的一种技巧,而不是本身就具有优势力量。

　　"静者心多妙,超然思不群"。沉不住气的人在冷静的人面前最容易失败。因为急躁、不自信的心情已经占据了他们的心灵,他们没有心思来考虑自己的处境和地位,更不会认真地坐下来平心静气地思索真正的对策,也最容易让别人钻自己的空子。所以,无论在挑剔的上司还是在难缠的谈判对手面前，适时的沉默都是一种智慧，一种技巧，一种优势在握的心态。

心理学感言

沉默并不表示没有声音，而是要你注意聆听。在人际交往中，适时沉默是一项有效的心理技巧。保持适当的沉默，让自己身在暗处，令人难以琢磨，反而更能占据主动。沉默与精心选择的词具有同样的表现力，就好像音乐中的中心音符与休止音符一样重要，能产生更完美的和谐，更强烈的效果。

03　聆听是礼貌和尊重

我们在和人交谈的时候，仅仅会说话还不够，还要会倾听。这样，才能迅速地打开对方的心扉，让对方有谈下去的欲望。这就好比演员和观众的关系，即使演员演得再出色，如果没有观众的叫好喝彩，他就没有继续演下去的欲望。所以，我们要想打开别人的心扉，激发对方的兴趣，就要做好的聆听者。

我们并非逻辑的动物，而是情绪的动物，总是讨厌被批评，喜欢被赞赏。当听到别人要谈论我们的缺点时，大多数人会不假思索地采取防卫姿态，而事实上，当你遭到批评的过程中能够体察到自己的不足；当你因恶意的攻击而怒火中烧时，何不先告诉自己："等一下……我本来就不完美。连爱因斯坦都承认自己99%都是错误的，何况我呢？这个批评可能来得正是时候，如果真是这样，我应该感谢它，并想法子从中获得益处。"

事实上，掌握倾听的艺术并非很难，只要克服心中的障碍，从小节做起，你肯定能够成功。

德怀特·莫罗是一名刚刚出道的外交家，受柯立芝总统之命出任墨西哥大使。

第二章 如何在职场交往中识别他人的心理

"这是一件很困难的差使,"布鲁斯·巴顿说,"墨西哥是山姆叔叔手上最敏感的一个手指头,到那边去做大使是很麻烦的一件事。"

鉴于此,对莫罗而言,第一次拜见墨西哥总统卡尔士的表现,是具有历史意义的。

如何给墨西哥总统留下一个良好的印象呢?

在这样的紧要关头,莫罗运用了一个策略。

莫罗绝口不提起那些应当由大使来负责谈判的严重问题。他只是称赞厨子,多吃了几块饼,点着了一支雪茄,请卡尔士总统给他讲一些墨西哥的情形,内阁对于国家的希望如何?总统想做的是哪些事情?他对将来有些什么看法?

当卡尔士发表意见时,他则在一旁全神贯注地听。

结果,第二天,卡尔士总统对一个朋友说,莫罗才是真正会说话的大使。卡尔士总统的这句话让情绪紧张的墨西哥人、焦急不安的美国人,都长长地舒了一口气。

初出茅庐的莫罗如此轻易地折服了卡尔士总统,并非采用了什么特别的策略,只不过是诱使卡尔士总统发表意见,自己洗耳恭听罢了。

倾听何以有如此大的魅力?

在许多人眼里,倾听不过是一种最基本的沟通手段。事实并非如此简单,倾听不仅是一种沟通的手段,更是一种礼貌,是尊重说话者的一种表现,是对说话者的最好恭维。专注倾听对方说话,可以使对方在心理上得到极大满足。这正是莫罗成功的秘诀。通过倾听,无形之中,他显示了自己对卡尔士总统的尊崇,让卡尔士总统感受到了充分的尊重。获得了尊重与恭维,卡尔士总统不对莫罗产生好感,那才怪呢?!

鲍伯从不看赞赏他的信,只看批评的信,因为他知道可以从中学到一点东西。福特汽车公司为了了解管理与作业上有何缺失,特地邀请员工对公司提出批评。

有一位香皂推销员,甚至主动要求人家给他批评。当他开始为高露洁推销香皂时,订单接得很少。他担心会失业,他确信产品或价格都没有问题,所以问题一定是出在自己身上。每当他推销失败,他会在街上走一走,想想什么地方做得不对,是表达得不够有说服力?还是热忱不足?有

89

职场必备的心理学

时他会折回去,问那位商家:"我不是回来卖给你香皂的,我希望能得到你的意见与指正。请你告诉我,我刚才什么地方做错了?你的经验比我丰富,事业又成功。请给我一点指正,直言无妨,请不必保留。"这个态度为他赢得许多友谊以及珍贵的忠告。这个人后来升任高露洁公司的总裁,他就是著名的立特先生。

耳听八方,可以使我们紧跟时代前进的步伐;广纳群言,能使我们保持清醒的头脑;谦虚谨慎,能使我们增长知识与才干;而学会倾听,则是我们实现上述目标应练好的基本功之一。我们需要倾听的内容主要有以下几方面:

倾听不同意见。在工作和生活中,存在不同意见是很正常的。怕的是没有不同意见,怕的是只有一种声音。压制不同意见,只能是死水一潭,充分倾听不同意见,就能形成生动活泼的工作局面。

倾听逆耳之言。人无完人,发自内心的提示与批评是一种关心和爱护,同时也是一种难得的帮助。一个人如果长期听不到上级的逆耳之言,就应该反省自己的工作能力;如果长期听不到同级的逆耳之言,就应该反省自己的人际关系;如果长期听不到下级的逆耳之言,就应该反省自己的工作作风。

倾听背后议论。背后议论可能当时听不到,但迟早是要传入耳中的。听了这种议论,不要急于辩解,重要的是用事实来澄清。红军长征后,陈毅带领部分红军战士留在苏区坚持斗争。由于形势险恶,党的一些经费由几个负责人缠在腰里小心保管着。有些战士不了解情况,便在背后议论,怀疑经费已落入个人腰包。陈毅听后,立即把队伍召集在一起,然后从腰上解下布袋,当啷啷,把钱全部倒在桌上,诚恳地说:"同志们,这是党的钱,只有这么多,是准备特殊情况下应急用的。党要我保管,我从来一个都没敢乱用。我有责任通知大家,万一我被敌人一枪打死了,尸首可以不要,钱无论如何要拿回来。"从陈毅"倒金"来看,背后议论也是一种很有效的监督方式。背后议论不可怕,各级领导干部应该以自己公开公正的实际行动,消除各种议论。

倾听是一种姿态,是一种与人为善、心平气和、谦虚谨慎的姿态。有了这种姿态,就能做到海纳百川、光明磊落、心底无私。

心理学感言

聆听不仅是一种沟通的手段，更是一种礼貌，是尊重说话者的一种表现，是对说话者的最好恭维。专注聆听对方说话，可以使对方在心理上得到极大满足。没有谁会拒绝耐心而专注地听自己说话的人。当你想赢得他人的好感，或者说服他人的时候，你不妨试图少"说"而多"听"。

五、学会灵活回避正面冲突

职场中的许多冲突虽不会置人于死地，却让人很烦恼。有没有这个必要，非要正面交锋、咄咄逼人、锋芒毕露？委婉的方式，含蓄的语言，灵活的妥协，暂时的回避……这是避免正面冲突和矛盾的良方，也是保持良好人际关系的要诀。

01　如何获得对方的信任

权威效应，又叫作权威暗示效应，是指一个人的地位高、有威信、受人敬重，那他所说的话及所做的事就很容易引起他人的重视，并让人们相信他的正确性。

"权威效应"之所以能够普遍存在，首先是因为人们都有"安全心理"，即人们总认为权威人物往往是正确的楷模，服从他们会使自己获得安全感，增加不会出错的"保险系数"；其次，由于人们有"赞许心理"，即人们总认为权威人物的要求往往和社会规范相一致，只要按照权威人物的要求去做，就会得到各方面的赞许和奖励。

美国有心理学家曾做过这样一个实验，充分证明了权威效应的威力。在给一所大学心理学系的学生们上课时，向学生介绍一位从外校请来的俄语教师，说这位俄语教师是从俄罗斯来的著名化学家。

职场必备的心理学

试验中这位"化学家"煞有介事地拿出了一个装有蒸馏水的瓶子,说这是他新发现的一种化学物质,有些气味,请在座的学生闻到气味时就举手,结果大多数学生都举起了手。本来没有气味的蒸馏水,由于这位"权威"的心理学家的语言暗示而让多数学生都认为它有气味。

为了证明权威效应,在美国著名心理学家罗伯特·西奥迪尼所著的《影响力》一书中有一个例子:有人告诉你说,经过大量的研究表明,你这样的人在这个年龄吃这个补品有很大的好处。如果这个人只是一个普普通通的人,你对他的介绍肯定会有一些质疑。

但现在这个人的头衔是国际营养学会的高级研究员,那你对上述的话又有何感想呢?当你知道他不仅是高级研究员,而且还是国务院的特级专家,此时你的感想是否会有变化?

这时,你又知道了有关这个人的一个事实,那就是去年他曾是诺贝尔生物学奖的获得者。这是世界一流的科学家才会拿到的大奖,一年也只有一次,获奖者在全球的科学家中只有很少的比例。这时,你对上述的话又作何感想?

当然,你相信的绝对不只是他这个人,而是他的头衔,是外界授予的头衔。你是在逐渐知道了他的头衔后才越来越相信了他的话。

这正是权威效应应用时的奥妙之所在:你可以不是权威,但是如果你能让人感觉到你是权威,你就能让人相信你的话,因为每一个人总是在习惯性地思考问题。

因此,我们对权威的信赖,往往会使我们受权威的暗示所引导,而这里其实并不需要权威的实质,一些权威的假象就可以控制我们的言行。这些暗示可以是服装、头衔或者其他的一些外部标志。有时,即使是具有独立思考能力的成年人,也会为了服从权威的命令而做出一些完全丧失理智的事情来。

有一则关于牙膏的广告。当追问看过广告的受众,广告中有哪些人物时,人们普遍都提到了有医生。当然,医生的身份就是用来影响受众的,利用的就是人们对医生的专业性和权威性的认同。但问题在于,广告中并没有明确地告诉你穿白大褂的那人就是医生。这是营销中对权威效应的绝妙应用,是基于对人们心理的一种深刻把握。

在美国,汽车是一种尤其能引起人们兴趣的地位标志。根据旧金山地区进行的一项调查,拥有名车的人更能受到人们的尊重。而实验也证明:当绿灯亮起时,人们往往会根据停在前面的车是名车还是普通车来确定是否以按喇叭的方式进行催促。如果是名车,排在后面的人往往会等得久一点。当然,坐在名车里的人并不一定受人尊重,但是由于他的车是名车,所以在别人眼里,他这个人的地位自然就随之提升了。

在人际交往中,我们就可以巧妙地利用权威效应来影响别人。我们可以请权威人物来对某种产品进行赞誉,在辩论说理时引用权威人物的话作为论据等等。即使我们本身并不存在权威的因素,但也可以制造一些假象使人们认为我们就是权威,这同样能够达到引导或改变对方的态度和行为的目的。

心理学感言

所谓"权威效应",就是指说话的人如果地位比较高,在社会上比较有威信,受很多人的敬重,那么他说的话就容易引起别人的重视,而且还会对其深信不疑。也就是人们经常说的:"人微言轻,人贵言重"。

02 灵活运用"假设"的力量

在心理学上,有"角色效果"之说。就是说如果你给某个人一个角色,比如长官、士兵、教授、学生,这个人就会在假设自己是这个角色的过程中逐步适应这个角色,按想象中的这个角色的思维方式去工作、生活,甚至举手投足都带上了这个角色的味道。

不过,让对方转换角色考虑问题,似乎说着容易、做着难。怎样用最快、最轻松的方式让对方转换角色呢?

有一种最简单的方法,就是询问对方:"假设您是我,您会怎么办?"或者"您看我该怎么做好?"

凯西在一家公司任前台接待员。一天,她遇到了一件麻烦事。一位

93

职场必备的心理学

客户打了好几次电话来,说要找老板。她把这件事立即告诉了老板。但第四次,这位客户又打电话过来,埋怨她没有及时转告,原来是老板没有马上给这位客户回电话。

为此,凯西很发愁,她不知道,如果这位客户再打来电话质问,她该如何处理。

凯西想,如果对老板说"你不回电话,××先生很生气",老板肯定会不高兴,说不定还会怪罪于她。

于是,凯西改口向老板请教,说:"我遇到点麻烦,需要您的帮助。××先生打来四个电话,他对我很不满,因为他没有接到您的回电。下次他再打来电话。您看我该怎么答复他好?"

结果,领导一下子便明白了凯西的难处,立刻解决了这一问题。

一句"假设您是我,您会怎么做?"或"您看我该怎么做呢?"的请教,不仅能让忽视你的领导为你着想,更能让老板理解你。

有一位设计师,也是利用这种方式,轻松地应对了他那苛求完美的老板。

沃克长期为一家文化公司做图书的版面设计。文化公司的老板罗斯德是个完美主义者,常会在看完设计图之后,让沃克反复修改,直到他满意为止。

一次,沃克为文化公司设计了一套图书的封面。他非常用心,作品完成之后,本人很满意,办公室的同事也认为很有创意。

可是,老板罗斯德看了封面之后,并不十分满意。他通知沃克,让他再仔细想想,再多改改。

为此,沃克很苦恼,因为他实在想不出更好的创意了。

无可奈何之余,沃克只好打电话给罗斯德,向他请教:"对不起,我一时还真想不出更好的方案。假设您是我,您会怎么做?"

罗斯德迟疑了一阵,然后回答说:"让我想想吧。如果有新的想法,我再告诉你。"

结果,罗斯德接受了原先的封面设计。因为当他自己去设计时,他也想不出更好的创意来。

在工作中,许多人都会遇到这类情况,因为缺乏他人的理解与支持,被家人指责、被客户抱怨、被领导批评,却又不知该如何去协商。其实,解决这类问题并不难,只要让对方"设身处地"地设想一下我们的处境和本心就行了。

心理学感言

当你遇到被人抱怨、误解、指责的问题时,不妨委婉地问上一句,"假设您是我,您会怎么做?"或者"您看我该怎么做好呢?"

03 公平待人

齐景公时,田开疆、古冶子、公孙捷因对景公立有大功,被嘉奖为五乘之宾,一时显赫非常。他们结为兄弟,自号"齐邦三杰",耀武扬威,盛气凌人,对景公有时也以你我相称,景公爱惜他们的才能和勇气,都容忍下来。日久天长,三杰成为国家之患。相国晏婴对此深为忧虑,每每想除掉他们,又怕景公不听,反而与三人结怨。晏婴想尽了办法,总是不行,这样下去,国家势必会削弱,怎么办?

晏婴终于等到了机会,一天鲁昭公带着大夫叔孙姥来访。三杰佩着剑目中无人地站在阶下。晏子奏道:"园中金桃已熟,可命人摘来为两位国君祝寿。"景公准奏,晏子便亲自监摘,献上六只红香异常的大桃。两位国君吃了桃后,又赐叔孙姥和晏婴各一只桃。然后晏子奏道:"还有两个桃,主公可传命诸位大臣述说自己的功劳,确实功大的赐一只桃以示表彰。"景公准奏。

公孙捷首先站出来夸耀说:"我当初随主公打猎,杀死猛虎,救了主公之驾,这功劳如何?"晏子说:"功劳实在是大!可赐一爵酒,一个桃。"

古冶子说:"杀虎算不得什么稀奇。我曾经在黄河斩掉一只妖鳖,使主公转危为安,这功劳如何?"景公说:"真是盖世奇功啊!毫无疑问,应当赐给酒和桃。"晏子立刻进酒赐桃。

职场必备的心理学

田开疆说:"我曾奉命讨伐徐国,大败徐军,斩名将赢爽,使我国威名大振,主公成为盟主。这功劳够得上吃桃吧?"晏子奏道:"田开疆的功劳比两位大十倍,可惜无桃可赐,可赐酒一杯,等待来年。"景公说:"你的功劳最大,可惜说得太迟了。"田开疆拔出剑说:"斩鳖杀虎都是小事,我跋涉千里,血战成功,反而不能吃桃,在两国君臣面前受辱,遭万代耻笑,我还有何面目站在朝廷之上?"说完挥剑自刎而死。

公孙捷大惊,说:"我们立小功吃了桃,田君立大功反而没得到。得桃不让,不算廉,眼看人死而不跟从,不是勇。"也拔出剑自杀了。

古冶子大叫道:"我们三人结义,誓同生死,他们俩人已死,我独苟活于世,心中怎么能够坦然?"也自刎而死。

晏婴用"二桃"杀了"三士",利用的就是"不患寡而患不均"的人性。

如今,社会上绝大多数人的不满与争执,都因为"不公平"。特别是在办公室,最容易让职员感觉不公平的是分配不均、劳逸不均。

某人干得多,却拿得不多;某人干得少,却拿得多;某人职位高,责任却不大;某人职位低,负责却不少。如此种种,惹得大家你瞪我,我瞪你,你不服我,我不服你,谁都觉得自己亏了。

要消除员工这种不公平的感觉就要了解不公平的缘由是什么。缘由是什么?就是与他人比较,感觉自己付出得多、得到得少。

一个人对他的权利大小以及工作量大小的接受程度,也是一样的道理。

当然,对于管理者来说,要想什么时候什么事情都做到公平并不容易。十个指头也不一般齐,一碗水还不容易端平呢?但是,因为不公平总是客观存在就置若罔闻,这并非优秀管理者的作为,相反,尽可能让那些看上去不合理的分配显得公正,让人们将此错觉为合理的根据才是明智之举。

所以,当机会有限又不得不分配的时候,你一定要找个方法。你可以说按年龄来,按性别来,年长的先,年轻的先,或者女士优先,或者男士优先。你更可以用抽签的方法,看谁运气好,看谁运气糟。

第二章 如何在职场交往中识别他人的心理

心理学感言

人人都要求公平，你有的我也该有，我承担的你也得承担，不然"不平则鸣"，甚至"不平则反"。凡涉及分配，应尽量做到公平。如果实在无法做到，也应尽可能地让那些看上去不合理的分配显得公正，让人们将此错觉为合理的根据。

04 如何巧避锋芒

也许很多人都有类似的记忆：老师正在往黑板上写字，后面一男生模仿小猫叫了一声。老师很生气，回过头来追问是谁在搞恶作剧，可犯错的男生就是不承认。于是，老师停止板书，表示揪不出捣蛋鬼就不上课。

课堂的气氛一下子就变得紧张起来。大家都不吭声，好长一段时间，教室里安静得似乎连针掉在地上都能听见。

这时，也许犯错的男生很后悔，不该如此肆无忌惮；说不定老师也有些后悔，没必要为了一个学生耽搁其他同学的时间。

正不知如何缓解这紧张的局面，突然，广播里突然传出"保护视力，眼保健操开始了……"

对于这突如其来的广播声，无论是学生还是老师，都感到很突然。而这突然而来的声音，让班里剑拔弩张的紧张感消失了，师生的冲突由此得以避免。

这类现象说明了什么？说明在人们的紧张感不断高涨的时候，如果投入一个完全与此无关的信息，大家的注意力会暂时转移，紧张的情绪会得以大幅度的释放。

某企业因经营出现了问题，难以为继，只好把60%的股份卖给了一家公司。根据收购协议，只能留下一小部分员工，其他大多数员工只能被辞退。

公司领导还未对员工宣布，小道消息已经不胫而走。

王业是公司的业务骨干，知道自己也在被辞退之列，想来想去，就是

97

职场必备的心理学

想不通。于是,他冲进了总经理办公室。大声质问总经理:"公司真的就忍心让几百号人失业吗?效益不好,员工就应该成为替罪羊吗?"

面对王业扫机关枪似的质问,总经理无言以对。

这时,在一旁与总经理商量问题的一个部门经理插了一句话:"慢点,慢点,你从哪儿听到这个消息的?"

正在噼里啪啦说个不停的王业突然被这个问题问住了,僵在那儿了。总经理忙招手让他靠近,耐心地解释了公司出售股份是迫不得已。

听了总经理的解释,王业也无话可说了。最后,只好无可奈何地离开。

想想看,在这个事件中,是谁控制住了怒气冲冲的王业?是总经理,还是部门经理?

应该说是部门经理。就是他说了那句话"慢点,慢点,你从哪儿听到这个消息的?"

这句话为什么会产生如此大的威力?这就像使用的压力锅一样。压力不断提高,一旦打开那个小小的出气口,压力会急速下降。人也一样,不断高涨的紧张情绪也可以因为一个小小的转移而减小压力。

在沉默对抗中,或在对方气势汹汹时,试图对对方的问题一一作答或一个劲地小心赔不是,是不能削减对方的气势的。这时候,你不妨突然地提出一个游离于话题之外的问题以控制住对方。

"你家人还好吧?""对不起,你刚才说什么来着?"

越是那些与引起冲突的话题没有丝毫联系的问题,越是能够削减对方的攻击力。这时候,对方多半会为了话题的进展不得不回答这个问题。他一回答,他的话语就开始偏离其本意,他的注意力就会被分散,其气势就会大大地消退。

此外,你也可以通过搭腔来干扰对方。

如果对方一直滔滔不绝地说个不停,根本不听你的指挥,你不妨频繁地随着对方的话茬搭腔,"说得好""差不多""是这样"。这样一来,对方的思维逻辑就很容易被打断,说着说着他就糊涂了,或许会问你"我刚才说到哪儿了?"这时,你赶紧岔开话题,即使对方意识到了你的计谋,也无可奈何。

> 走，我带你去一个地方。

心理学感言

心理学研究发现，在人们的紧张感不断高涨的时候，如果投入一个完全与此无关的信息，大家的注意力会暂时转向这个方向，紧张的情绪会得以大幅度的宣泄。

六、利用迂回的沟通之道，确定自己的主导地位

迂回，就是一种拖延战术。目的是要找到沟通的最大公约数，或是争取更多的时间以利沟通的进行。如果沟通不良也可以考虑凭借迂回的方式，跳离原来的沟通模式，以特殊方法突破沟通的障碍，让沟通管道保持畅通。

01　巧妙安排话题的顺序

你是否留意过问话中选择项目的排列顺序与选择结果的关系？如果

职场必备的心理学

你真的留意了，相信你一定会发现这样的情况：选择项目的排列顺序会直接影响选择结果。也就是说，人们选择的往往是排列在后面的那个。

一家小吃店建在一新兴开发区，小吃店的店主是一对年轻夫妇，店里的主要顾客是在周围建房的民工。这些民工长期生活在工地，生活很艰苦。店主体谅大家外出谋生不容易，因而规定，民工们每餐的饭费为一块钱，管吃饱，还免费提供一碗清汤。他们认为，饭不挣钱，可以靠菜挣钱。

未曾料想，民工们挣得不多，舍不得在吃菜上花钱。每次到小吃店来就餐，他们都是吃很多的米饭，吃很少的菜，常常三四个人才要一份菜。有的甚至不要菜，只花一块钱买米饭，就一碗免费的汤。

看到这样的情形，店主夫妇心里紧张起来。果然，到月底一结算，扣除各项开支，几乎没挣钱。

俩人开始犯愁了，改变以前的规定，让民工们吃不饱饭，这话似乎说不出口。但是，这样下去自己又挣不到钱。怎么办呢？

连着几天，夫妇俩都在琢磨这件事情。

一天，丈夫兴奋地告诉妻子，他有办法了。

原来，他早就感到奇怪，每次轮到他盛饭，饭总是没有剩的且完得很快。每次轮到妻子盛饭，饭常常完得慢，还总有剩的。

对此，他一直很纳闷，却找不到答案。是自己与妻子的态度不同？好像又不是。

经过几天的观察、琢磨，他发现，每次他盛饭盛汤，都是问："要汤，还是要饭？"民工们多半回答"要饭"。而每次妻子盛饭盛汤，都是问："要饭，还是要汤。"民工们多半回答"要汤"。

当然，他还不能确信这是否有道理。不过，从那以后，他也按照妻子的顺序发问。令他惊讶的是，选择再添饭的民工真的减少了。

此后，这位男店主灵机一动，把这一方法也用于点菜上。每次民工们要点菜，他都不再问"要不要菜"或"要几样菜"，而是问"要一样菜，还是要两样菜"或者"要两样菜，还是三四样菜"。

慢慢地，他们的生意一天天好了起来。民工们吃的菜多了，饭少了，他们挣的钱也比以前多了许多。

也许会有人说这事太滑稽，似乎是哄骗小孩子的骗术。其实，并非如此,这是有理论依据的。

人常常会处于迷茫之中。比如我们自己,在吃了一碗饭之后,常常会感觉可以再吃也可以不吃。往往只要犹豫一分钟,你就不再想吃了。要知道,饱的感觉永远是滞后于吃的行动的,这也是为什么我们常会在吃的时候不觉得胀,而在吃完之后感觉肚子特别胀。

就餐的民工也一样,在他们吃了几碗饭之后,他们可以继续吃,也可以不再吃。也就是说,他们并非必须要吃那么多,也许是由于生理惯性或心理惯性,他们还想吃而已。

如果让他们作出选择:吃与不吃。选择两种中的任何一种都是可能的。

这时候,对于选择的结果,外界的询问方式影响很大。

为什么这样说呢?因为面对两者皆可的选择,人们有一定的倾向,那就是:最后做结论或决定的习性。换句话说,在二者择一时,如果两者兼可,人们通常会选择别人提供的后一种选择。

在现实生活中,这种方法大有用武之地。

如果对方正处于迷惑之中,不知道如何选择。而我们希望他能选择我们所希望的那一个,但是,我们又不能直说。因为,如果直接将我们自己的结论强加于正在迷茫的对方,往往会使对方心存戒备,最终走向相反的结论。

在这种情况下,我们不妨用询问对方意向的形式,在选择项目的排列顺序上多动些脑筋。这其中的关键就是:将希望对方选择的那个选项放在后面,诱导对方作出你所期待的选择。

比如,在你最忙的时候,一位同事请你帮他修改稿件,你希望忙过这两天再说,如果事情原本不是太急,你不妨问他:是现在要还是过几天要?

他多半会回答"过几天"。

又如,一位你并不打算邀请的同事嚷着让你请客,你只是想应付应付了事,不妨问一句:"是今天去吃?还是下次再去?"

对方多半会回答:"下次吧!"

101

职场必备的心理学

心理学感言

面对两者皆可的选择，人们有一定的倾向，那就是：最后做结论或决定的习性。换句话说，在二者择一时，如果两者兼可，人们通常会选择别人提供的最后一种选择。因此，如果想让对方的选择符合你的期待，发出询问时，不妨把你期待的选题放在其他问话的后面。

02　巧妙应用委婉的手段

战国时期，梁国与楚国相临。两国凤有敌意，在边境上各设界亭（哨所）。两边的亭卒在各自的地界里都种了西瓜。梁国的亭卒勤劳，锄草浇水，瓜秧长势很好；楚国的亭卒懒惰，不锄不浇，瓜秧又瘦又弱。

人比人，气死人。楚亭的人觉得失了面子，在一天晚上，乘月黑风高，偷跑过去把梁亭的瓜秧全都扯断。梁亭的人第二天发现后，非常气愤，报告给宋县令，说要以牙还牙，也过去把他们的瓜秧扯断！

宋县令说："他们这种行为当然不对。别人不对，我们再跟着学就更不对，那样未免太狭隘、太小气了。你们照我的吩咐去做，从今天开始，每晚去给他们的瓜秧浇水，让他们的瓜秧也长得好。而且，这样做一定不要让他们知道。"

梁亭的人听后觉得有理，就照办了。

楚亭的人发现自己的瓜秧长势一天比一天好起来，仔细观察，发现每天早上地都被人浇过，而且是梁亭的人在夜里悄悄为他们浇的。

楚国的县令听到亭卒的报告后，感到十分惭愧又十分敬佩，于是上报楚王。楚王深感梁国人修睦边邻的诚心，特备重礼送梁王以示歉意。结果这一对敌国成了友好邻邦。

为别人文过饰非，是搞好关系的一大技巧。

人人都有面子，人人都好面子。因为好面子，所以谁都不希望别人当众指出自己的缺点或过失。

《菜根谭》上有这么一句话："人之短处，要曲为弥逢；如暴而扬之，是

第二章 如何在职场交往中识别他人的心理

以短攻短。"意思是：别人有缺点或过失，要婉转地为他掩饰或规劝，假如去揭发传扬，就是用自己的短处来攻击别人的短处，到时肯定对自己没有什么好处。

我们得承认，"面子"问题是"人性的弱点"的一种反映。不过，虽是弱点，如果善加利用，也可为我们服务。

某公司的一位客服人员汤姆在面对客户的投诉时，就是利用人爱面子这一天性，为公司赢回了信誉与利润。

有一天早上，汤姆办公室的电话响了。一位焦躁愤怒的主顾在电话那头抱怨此公司运去的一车木材完全不合乎他们的规格。在木材卸下1/4车之后，他们的木材检验员丽娜报告说，55%不合规格。在这种情况下，他们停止卸货，要汤姆的公司立刻安排把木材运回来。

汤姆奉命立刻动身到对方的工厂去。途中，他一直在寻找一个解决问题的最佳办法。到了工厂，他发现购料主任和检验员丽娜都闷闷不乐，一副等着抬杠吵架的姿态。

汤姆走到卸货的卡车前，要求他们继续卸货，然后他就在卡车前查看木材。接着，汤姆请丽娜继续把不合规格的木料挑出来，把合格的放到另一边。

一边查看，一边检查木材。汤姆发现，原来丽娜的检查太严格，而且也把检验规则弄拧了。

这是一批白松，虽然丽娜对硬木的知识很丰富，但检验白松却不够格，经验也不多。白松碰巧是汤姆最内行的，但他并没有对丽娜评定白松等级的方式提出反对意见。他继续观看，并慢慢地开始问丽娜某些木材不合标准的理由何在。

汤姆一点也没有暗示丽娜检查错了。他只是强调，自己是在请教她，只是希望以后送货时，能确实满足他们公司的要求。

汤姆始终在以一种非常友好而合作的语气请教丽娜，并且坚持要她把不满意的部分挑出来。这使丽娜高兴起来，于是他们之间的剑拔弩张情绪开始松弛消散了。

偶尔，汤姆会小心地提几句，让丽娜自己觉得有些不能接受的木料可能是合乎规格的，也使她觉得她们的价格只能要求这种货色。但是，汤姆非常小心，不让丽娜认为自己有意为难她。

渐渐地,丽娜的整个态度改变了。

最后,丽娜坦白地承认,自己对白松木的经验不多,并且问汤姆从车上搬下来的白松板的问题。汤姆就对她解释为什么那些松板都合乎检验规格,而且仍然坚持,如果她还认为不合用,汤姆绝对不要她收下。

丽娜终于到了每挑出一块不合用的木材,就有罪恶感的地步。最后她看出,错误是在自己没有指明他们所需要的是多好的等级。

最后的结果是,在汤姆走了之后,丽娜重新把卸下的木料检验一遍,全部接受。

无疑,婉转地为对方掩饰错误,比当面指出对方的错误更能令其认识错误、改正错误。

卡耐基曾经说:"用你的表情、声调和动作来表示他犯了错误,你就好比当面告诉人家他错了。但是你能够当面说出他的错误吗?绝对不行!因为这样做会伤害了他的自尊、判断力和理智。如此,对方只会反击,而不会改变他的主张,即使用柏拉图或康德的理论去说服对方,也不会使他改变意见。因为你已伤害他了。"

如果某一天,你发现了对方的缺点或过失,如果这一缺点或过失会影响到双方的关系和利益,你一定不要当面指出,更不能恶语加以指责。相反,你要试着为其掩饰。如果实在有必要指出,也要委婉进行。

心理学感言

只有你保全了对方的面子,反过来,对方才会对你心存感激,从而接受你的意见,维护你的利益。人人都有面子,人人都好面子。因为好面子,所以谁都不希望别人当众指出自己的缺点或过失。为此,别人有缺点或过失,要婉转地为其掩饰或规劝。你去揭发传扬,就是用自己的短处来攻击别人的短处,到时肯定对自己没有什么好处。

03　用赞美取代批评

将对他人的批评夹裹在前后肯定的话语之中,能够减少批评的负面效应,使被批评的人能愉快地接受批评。用赞美的形式巧妙地取代批评,用看似简捷的方式达到直接的目的。这就是美国前总统约翰·卡尔文·柯立芝提出的"肥皂水效应"。

约翰·卡尔文·柯立芝于1923年成为美国总统,他有一个漂亮的女秘书,人虽长得很美,但工作中却常因粗心出错。有一天早晨,柯立芝看见女秘书走进办公室,便对她说:"今天你穿的这身衣服真漂亮,正适合你这位漂亮的小姐。"这句话出自柯立芝口中,简直让女秘书受宠若惊。柯立芝接着说:"但也不要骄傲,我相信你同样能把公文处理得像你一样漂亮的。"果然从那天起,女秘书在处理公文时就很少出错了。一位朋友知道了这件事后,便问柯立芝,"这个方法很妙,你是怎么想出来的?"柯立芝得意洋洋地说:"这很简单,你看见过理发师给人刮胡子吗?他要先给人涂些肥皂水,用意就是为了刮起来使人不感到痛。"

多德是共和党的一位重要议员,他绞尽脑汁后撰写了一篇演讲稿,觉得自己写得非常好。于是他很高兴地先把这篇演讲稿在麦金利面前朗诵了一遍——他认为这是自己的不朽之作。这篇演讲稿虽然有可取之点,但还不尽善尽美。麦金利听后感到并不合适,认为如果发表出去,可能还会引起一场批评的风波。麦金利不愿辜负多德的一番热忱,但又不能不说这个"不"字。现在,麦金利该如何应付这个场面呢?

麦金利这样说:"我的朋友,这真是一篇少有的精彩绝伦的演讲稿,我相信再也不会有人比你写得更好了。就许多场合来说,这的确是一篇非常适用的演讲稿。可是,如果在某种特殊的场合的话,是不是也很适

105

职场必备的心理学

用呢?

　　从你的立场来看,那是非常慎重的,可是我必须从党的立场来考虑这份演讲稿发表后所产生的影响。现在你回家去,按照我所特别提出的那几点,再撰写一篇,并送一份给我。"

　　多德果然照麦金利所说的去做了。麦金利用蓝笔把他的第二次草稿再加以修改,结果多德在那次竞选活动中,成为最有力的助选员。

　　因为有批评才有进步,所以有人说,批评是进步的明灯。俗语说得好:"人非圣贤,孰能无过?"圣贤都会有过错,何况我们这些凡人呢!而有了过错,就得有人来指正,这样才会有进步。有句话说:"当局者迷,旁观者清。"我们做错了事,自己往往不知而需借助别人的批评和指正。批评要靠技巧,赞美要看时机。批评时,不要用恶语中伤他人;劝告他人时,如果能态度诚恳,语出谨慎,那我们将会得到更多的友谊,也为我们的人缘再加上一分。

心理学感言

　　将对他人的批评夹裹在前后肯定的话语之中,减少批评的负面效应,使被批评者愉快地接受对自己的批评。以赞美的形式巧妙地取代批评,以看似简捷的方式达到直接的目的。

04　给他人足够的尊重

　　有句老话说得好:"人活一张脸,树活一张皮。"学会为别人留住面子,是人际交往中的一条基本原则。我们完全可以这样说:你每给别人一次面子,就可能增加一个朋友;而你每驳别人一次面子,就可能会增加一个敌人。

　　据《左传》记载:周定王二年(前605年),郑穆公去世,郑灵公即位,公子宋和公子归生辅助灵公执政。二人皆为郑国贵族,在朝势力甚大。

第二章 如何在职场交往中识别他人的心理

一天早晨,俩人准备入见灵公时,公子归生感到有点诧异,忙问是怎么回事。

公子宋笑了笑说:"没什么,我平常如果食指跳动的话,这一天必定要尝好东西。上次出使晋国,我吃了石花鱼;后来出使楚国,一次吃了天鹅肉,一次吃了合欢橘,事先都有指跳的预兆,没有不灵验的。只是不知今日又该尝什么鲜味了?"

俩人说说笑笑,来到了朝门之外,正好碰见内侍在喊宰夫入朝。公子宋问侍者何故传唤宰夫?内侍告诉他,有人从汉江来,带回一个大鼋,重达200斤,献给了灵公。灵公叫宰夫杀掉,要炖肉汤招待朝中诸大夫品尝呢。

公子宋听了,洋洋得意地对公子归生说:"怎么样?我的食指不会无故跳动吧?"

进朝后,灵公见二人喜形于色,就问他们有何喜事如此高兴?公子归生不敢隐瞒,把事情的原原本本全部说给灵公。

灵公听罢,半开玩笑半认真地说:"他的食指跳动灵验不灵验,还得由我决定!"

到了吃饭的时候,郑灵公召集群臣入朝,品尝鼋肉。大家按官职大小,依次坐定。

郑公先品尝了一下,连连称鼋羹鲜美,遂命人赐给诸臣一人一鼎鼋羹,并要求从最下席开始。这样,位居上席第一、第二位的公子宋和公子归生就落到了最后。眼看诸大夫一个个都得到了赐羹,只剩下最后一鼎了,宰夫问要赐谁?

灵公随口说道:"给归生吧。"于是宰夫就把最后一鼎送到了公子归生面前。

公子宋对众人得到赏赐而单单自己被冷落真是又羞又愤,怒火中烧。

郑灵公目睹公子宋的窘态,哈哈大笑,指着他说:"我命令要遍赐群臣,谁料偏偏少了子宋一人。看来这是命里注定子宋不该吃鼋肉啊。你的食指跳动哪里有一点灵验呢?"

一听此话,公子宋完全明白了。为了挽回面子,他不顾君臣之礼,突

107

职场必备的心理学

然起身走到灵公面前，把手伸进灵公的鼎中夹了一块肉，放入口中，并反讥灵公说："我已经尝了鼋肉，食指跳动哪一点不灵验呢？"说罢，不辞而别。

公子宋的举动，激怒了灵公。他气得把筷子一摔，愤愤地说："子宋也太无礼了，竟敢如此欺君。难道郑国就没有刀能杀掉他的头吗？"吓得归生等人跪在地上连连求情，灵公仍恨恨不已。

本来欢欢乐乐的品鼋会，就这样不欢而散了。

从此，郑灵公同公子宋结下了仇恨。公子宋惧怕郑灵公有朝一日找借口报复自己，竟在这一年的秋天派人刺杀灵公，与公子归生商议更立了新君。

这个历史故事警示世人：不可不慎对他人的面子。

对于管理者而言，当下属有成绩时，要舍得给面子。

《三国志》中记载：鲁肃取得赤壁之战胜利后回来，孙权召集群臣为鲁肃举行了盛大的欢迎仪式，并亲自下马迎接鲁肃。

孙权问鲁肃："我这样恭敬地对待你，你很有面子吧？"鲁肃回答："不！"在大家的惊愕中，鲁肃说："我希望主公统一天下，然后再拜我当官，这才是给足了我面子呀！"

孙权听后抚掌大笑。因为孙权给足了鲁肃面子，鲁肃知恩图报，攒足了劲儿要回赠孙权一个君临天下的大面子。

当下属有了成绩时，领导给下属面子是对下属最好的激励，由此能使下属更加努力工作。

遗憾的是，在现实中，不是每个领导都如此"大方"，有的对下属的成绩视而不见，有的把下属取得的成绩看作理所应当之事，更有的怕下属露了脸，自己没了面子……久而久之，下属也就失去了工作的激情和热情。

当下属犯错时，也要注意留面子。下属有了过错，特别是非原则性的过错，领导应该宽大为怀，给下属留点面子。哪怕是在一些小事上给予下属面子，下属也会心有所动、有所回报。

《说苑》中记载这样一个故事：楚庄王一次平定叛乱后大宴群臣。楚王命点烛夜宴，还特别请出最宠爱的美人向文臣武将们敬酒。

忽然一阵疾风吹过，宴席上的蜡烛都熄灭了。趁着黑暗一位官员斗胆拉住了美人的手，拉扯中，美人撕断衣袖得以挣脱，并且扯下了那人帽子上的缨带。随后美人回到楚庄王面前告状，让楚王点亮蜡烛查看众人的帽缨，以便找出刚才无礼之人。楚庄王听完美人的话，却传命先不要点燃蜡烛，而是大声说：

"寡人今日设宴，与诸位定要尽欢而散。现请诸位都去掉帽缨，以便更加尽兴饮酒。"听楚庄王这样说，大家都把帽缨取了下来，这才点上蜡烛，君臣尽兴而散。

七年后，晋国与楚国开战，有一员楚将奋勇杀敌，立了大功，楚庄王问他姓名，他说："我就是那晚被美人扯掉帽缨的人。"

楚庄王懂得给犯有过失的下属留面子，换回的是下属的拼死相报。相反，如果楚庄王把那个人当场捉住，除了破坏欢庆气氛、损失一员大将以外，什么作用也没有。

这当然不是提倡不讲原则、老好人主义。这里说的留点面子，是指对犯错者本着"治病救人"的动机，点到为止，促其自省，给他以改过的机会。

心理学感言

每个人都需要面子，因为面子是人们自尊心的满足，面子代表的是一个人的尊严。身在职场，不论是交朋结友、跟随领导还是管理下属，都要注意给对方留面子。

05　背后夸人，更胜一筹

人总是喜欢听好听的话，即使明知对方讲的是奉承话，心里还是免不了会沾沾自喜，这是人性的弱点。赞美是一种学问，其中的奥妙无穷，但最有效的赞美则是在第三者面前赞美对方。

109

职场必备的心理学

《红楼梦》中有这么一段：史湘云和薛宝钗都劝说贾宝玉去做官，贾宝玉大为反感，对着史湘云和袭人赞美林黛玉说："林姑娘就从不说这些混账话！要是她说这些混账话，我早和她生分了。"凑巧这时黛玉正来到窗外，无意中听见贾宝玉说自己的好话，"不觉又惊又喜"。

在林黛玉看来，宝玉在背后称赞自己，这种好话不但是难得的，还是无意的。倘若宝玉当着黛玉的面说这番话，好猜疑、爱使小性子的林黛玉可能就认为宝玉是在打趣她或想讨好她。

如果你的好话是在背后说的，人家会认为你是真心的。这样，他自然会领情，会感激你。在背后说别人的好话，显得真诚。如果你当面说人家的好话，对方可能以为你是在奉承他，讨好他。

如果你是一名管理者，你不妨在面对你的领导或其他同事时恰如其分地夸奖你的部下。一旦他知道了，你们的沟通就会更顺畅，他也会对你心存感激，感情也会更进一步。

在背后说别人好话时，会被人认为是发自内心、不带私人动机的，从而能增强对说话者的好感，消除对说话者的不满。

在台湾作家刘墉的《把话说到心窝里》有这么一段故事：

作为工人代表，老王决定去找厂长抗议。原因是他们经常加班，但上面连个慰问都没有，年终奖金也很少。

出发之前，老王义愤填膺地对同事说，"我要好好训训那自以为是的厂长。"到了厂长办公室，老王告诉厂长秘书说，"我是老王。约好的。"

"是的、是的。厂长在等您，不过不巧，有位同事临时有急件送进去，麻烦您稍等一下。"秘书客气地把老王带过会客室，请老王坐，又堆上一脸笑，"您是喝咖啡还是喝茶？"

老王表示他什么都不喝。

"厂长特别交代，如果您喝茶，一定要泡上好的冻顶。"秘书说。

"那就茶吧！"

不一会儿，秘书小姐端进连着托盘的盖碗茶，又送上一碟小点心，"您慢用，厂长马上出来。"

"我是老王。"老王接过茶，抬头盯着秘书小姐，"你没弄错吧！我是工友老王。"

"当然没弄错,您是公司的元老,老同事了,厂长常说你们最辛苦了,一般同仁加班到九点,你们得忙到十点,心里实在过意不去。"

正说着,厂长已经大跨步地走出来,跟老王握手:"听说您有急事?"

"也……也……也,其实也没什么,几位工友同事叫我来看看您……"

不知为什么,老王憋的那一肚子不吐不快的怨气,一下子全不见了。临走,还不断对厂长说:"您辛苦、您辛苦,大家都辛苦,打扰了!"

老王的态度为什么会发生180度的大转弯?其实,答案很简单。厂长背着老王说老王的好话,大大出乎老王的意料。厂长的好话不仅表示了他的真诚与理解,也给了老王足够的面子。老王既感受到了被领导理解的欣慰,虚荣心也一下子得到了满足,自然对厂长心存感激,先前一肚子的怨气也自然烟消云散。

在背后说别人的好话,会被人认为是发自内心、不带私人的动机的。其好处除了能给更多的人以榜样的激励作用外,还能使被说者在听到别人"传播"好话后,更感到这种赞扬的真实和诚意,从而在荣誉感得到满足的同时,增强了上进心和对说好话者的信任感。

因为当你直接赞美对方时,对方极可能以为那是应酬话、恭维话,目的只在于安慰自己罢了。若是通过第三者来传达,效果便截然不同了。此时,当事者必然认为那是认真的赞美,毫不虚伪,于是真诚接受,又对你感激不尽。如果这个人是你的下属,在深受感动之余,他会更加努力工作,以报答你的"知遇"之恩。

试想一下,如果有人告诉你,某某人在背后说了许多关于你的好话,你会不高兴吗?这种赞美,如果当着你的面说给你听,或许会适得其反,让你感到虚假,或者疑心他不是出于真心。为什么间接听来的便觉得特别悦耳动听呢?那是因为你坚信对方在真心地赞美你。

德国的铁血宰相俾斯麦,为了拉拢一个敌视他的议员,便有计划地在别人面前赞美这位议员,他知道那些人听了之后,肯定会把他的话传给那个议员。后来,俩人成了无话不说的政治盟友。

职场必备的心理学

　　事实上，在我们的周围，可把这种方法派上用场之处不胜枚举。例如父母希望孩子用功读书时，如果整天教训孩子，也很难说有多大效果，假如孩子从别人嘴里知道父母对自己的期望和关心，父母在自己身上花的心血，自然会产生极大的动力。

　　当然，我们在对别人进行评价时，也可以常用这种方法。例如对别人进行夸奖时，可以故意在他的家人或者朋友面前赞美他，这些方法都能收到相当好的效果。

心理学感言

　　在背后说人好话，还能满足别人的虚荣心，给足别人面子。这好话可能在被说者意料之中，也可能在他意料之外。通常，如果越出被说者的意料之外，所起到的作用越明显，越能打动人。

　　在背后说人好话的效用的确非同一般，它以戏剧性的方式给人的自尊以极大的满足。当我们对某人心存感激，当我们由衷地敬佩某人，当我们希望给某人留下良好的印象，当我们期望与某人建立友好的关系，不妨在背后说说他的好话。

七、善用友谊的力量

　　在高速发展的今天，成功不是靠一个人的。成功建立在人脉的基础上，需要别人的帮助。因此，友谊对每个人来说都显得尤为重要。友谊，对于很多人来说看似简单，然而真正操作起来却很难。当友谊建立的时候，我们会发现做起事来会变得更加简单，当然这需要花费一定的精力。相信只要大家都能赢得友谊，成功自然就离你更近了。

01　尽量让对方说"是"

人的思维具有惯性,当我们朝一个方向思考问题时,就会倾向于一直考虑下去。所以,当我们希望别人同意自己的意见时,要从对方所同意的观点开始。

哈理·奥维基博士认为,"不"的反应是最难克服的观点。他指出:一个人开始说"不"字后,就形成了一道心理防线。人那本性的自尊会迫使你继续坚持下去。即使他已意识到自己的错误也很难放弃自尊,而是继续固执下去。所以,在开始谈话时,最关键的是先说一些对方认可的事情,这样对方就不会抵触自己。这就像撞球一样,顺着球的方向打,更容易进球;要它弹回来,就要花费更大的力气。

纽约市格林威治储蓄银行的职员詹姆士·艾博森就曾经从对方的观点入手,为自己留住了一个客户。

有个年轻人在艾博森供职的银行开了个账户,艾博森让他填写一份例行的表格,但他却拒绝填写表格上的某些方面的资料。如果艾博森不懂得这个技巧,一定会像以前那样告诉他,如果他拒绝填写表格中的任何一项,按银行规定,是不能给他开户的。

那天,艾博森决定不谈银行的规定,而用让他说"是"的方法来按要求填写资料。于是,艾博森问他:假设在你去世的时候,银行是否有责任把这些钱转到你的继承亲友那里呢?他做了肯定的回答。艾博森继续说,如果银行知道了你最亲近的亲属的名字,是不是很方便呢?如果你去世了,他们就能迅速、及时、准确地找到你的亲属了,对吗?对方又做了肯定的回答。

这时,年轻人的态度已经缓和下来,因为他知道了表格中的这些资料,并不是为银行而留,而是为了个人的利益。最后,他不仅填完了表格,而且在艾博森的建议下,另开了一个账户,并指定了他的母亲为法定受益人。当然他很配合地填写了他母亲的所有资料。

当我们与他人讨论问题的时候,从对方的观点开始,就能够迅速拉近彼此的距离,得到对方的接纳和认可,从而轻松地解决问题,达成共识。反之,如果一开始就是争执,那么在紧张而抵触的情绪当中,则很难达到自己的目标。

心理学感言

人的思维具有惯性,当我们朝一个方向思考问题时,就会倾向于一直考虑下去。所以,当我们希望别人同意自己的意见时,要从对方所同意的观点开始。

02 学会运用正面强化的魔力

一位女教师的公开课正在进行,教室里坐满了学生和来听课的老师。女老师的脸上充满了甜甜的笑容,一旦学生正确地回答了问题,她都热情洋溢地表扬:"啊,你真聪明!""你非常了不起!""棒极了!""你怎么这样能干,真是个好孩子!"听课的老师也都笑盈盈地点头赞许。

下课后开始评课。大家都认为女教师的课讲得非常成功,说了许多赞美的话,还特别赞赏她很会通过表扬来调动学生的积极性。

奖励、表扬在心理学上属于"正强化"的范畴。说到"正强化",首先就要提到人际关系心理学上的一个非常重要的原则:强化原则。

强化原则是美国心理学家和行为科学家斯金纳等人提出的一种理论。他提出一种"操作条件反射"理论,认为人或动物为了达到某种目的,会采取一定的行为作用于环境。当这种行为的后果对自己有利的时候,这种行为就会在以后不断重复出现;当这种行为对自己不利的时候,这种行为就会减弱或自动消失。人们可以用这种正强化或负强化的办法来影响行为的后果,从而修正自己的行为,这就是所谓的"强化原则"。

刚开始时,斯金纳也只将强化原则用于训练动物,如训练军犬和马戏团的动物。以后,斯金纳又将强化原则进一步发展,并用在人的学习方面。现在,强化原则更是广泛应用于和人际关系有关的各个方面,同时还包括管理、营销等。老师对学生的赞美、表扬等行为,就是一种典型的正强化。老师正是通过这种正强化来推动学生学习的积极性。

所谓强化,指的是对一种行为的肯定或否定的后果,它至少在一定程度上会决定这种行为在今后是否会重复发生。根据强化的性质和目的可把强化分为正强化和负强化两种。在管理上,正强化就是奖励那些组织上需要的行为,从而加强这种行为;负强化就是惩罚那些与组织不兼容的行为,从而削弱这种行为。正强化的方法包括奖金,对成绩的认可、表扬,改善工作条件和人际关系,提升、安排担任挑战性的工作,给予学习和成长的机会等。负强化的方法包括批评、处分、降级等,有时不给予奖励或少给奖励也是一种负强化。

在人际关系中,正强化同样是掌控他人心理的利器。其中,最典型、最常用的就是赞美他人。

美国著名心理学家詹姆斯曾说:"在人类的所有本性中,最深刻的渴望就是受到赞美"。还有人说:一个人活着,就是为避免惩罚或者受到奖赏,赞美就是对别人付出的一种报偿。

诚恳地赞赏他人是石油大王洛克菲勒对待人的一个成功秘诀。当他的一个下属贝德福由于措施不当,在南美做错了一大宗生意,而使公司亏损了 100 万美元时,洛克菲勒并没有对他进行任何批评或指责。他知道贝德福已尽了最大的努力,并且这件事已经过去了。所以,他反而去找些可以称赞贝德福的事来说。他恭贺贝德福,幸而保全了他投资额的60%。洛克菲勒这样说:"那已经很不错了,任何人做事都不会每一件都称心如意。"这些赞赏对贝德福所起的作用是可想而知的。

在钢铁大王卡内基的时代,有史以来年薪百万元的只有两个人:"克莱斯勒"和"斯华波"。

钢铁大王卡内基为什么要付斯华波百万元年薪,不是因为斯华波是个优秀的天才,也不是因为斯华波对钢铁的制造有特殊的专长,而是因为他有特殊的待人能力。

职场必备的心理学

对于这些特殊的待人能力,卡内基说:"这些话应该刻在能永久保留的铜牌上,把这面铜牌悬在全国每个家庭、学校、商店、办公室里。这些话,还是孩子的时候,就应该背诵下来……如果我们真能照着那些话去做,你我的生活方式跟过去就完全不一样了。"

这些特殊的待人能力,用斯华波的话说,就是:"我认为,我在人群中有激发他们热诚的能力,那是我所具有最大的资源……我充分发展每一个人才能的方法,是用赞赏和鼓励!"

他又说:"世界上最容易摧毁一个人志向的,那就是上司所给他的批评。我从来不批评任何人,我只给人们工作的激励。我是急于称赞,而迟于寻错,如果说我喜欢什么的话,那就是诚于嘉许,宽于称道。"

喜欢得到他人的赞美和肯定,这是人性的一个特点。每个人都喜欢他人赞美自己,但有时正是自己对此过于吝啬。

我们一直没有意识到赞美或者说肯定别人的魔力。其实,这个小技巧不仅会让别人高兴,也会让自己获得无数的友谊和帮助。

当然,强化要因人制宜,对不同的人采用不同的强化方式。由于人的个性特征及需要层次不尽相同,不同的强化机制和强化物所产生的效应会因人而异。因此,在运用强化手段的时候,应采用有效的强化方式,并随对象和环境的变化而相应变化。

对正强化的使用还要注意它的时效性。采用强化的时间对于强化的效果有很大影响。及时的强化,以及不定期的非预料的间断性强化,往往可以取得更好的效果。

心理学感言

强化是人际吸引中的一项基本原则,运用到人际吸引中就是我们喜欢能给予我们奖励的人。当一个人采取某种行为时,能从他人那里得到某种感到愉悦的结果,这种结果反过来又成为推进他趋向或重复此种行为的力量。这就是强化。学会并善于运用正强化,可以提高、润滑你的人际关系,让你到处受人欢迎。

03 用"过望"的回报赢得对方的友好

某家出版社出版了一位诗人的诗全集,其中的一册有一处错误。当时,出版社决定将那一册重印。新诗集印好后,通知那些买了有错诗集的人来换。

他们这种做法,大幅度地提高了自己的声望和信誉。通常,每当某书出了重大的或多处的错误,出版社就给该书附上一个勘误表。而这家出版社却为了一处小小的失误重新出书,这无疑是一种超出常规的改过之举。然而,正是这样的"小题大做",不仅使失误得以纠正,更使读者从中看到了他们诚恳的态度和对作者、读者负责的精神。

某光碟制作公司的负责人弗兰克也是以这种方式"化干戈为玉帛"的。

菲利普到一家音像商店买了一张光碟,拿回家一放才发现这张光碟根本就没有声音。于是,他将光碟拿回商店,很快售货员就给他退了货款。后来,他决定写一封信给光碟制作公司的负责人弗兰克——他在电视上看见过弗兰克,并在信中告诉弗兰克,他在一家店中买了一张没有声音的光碟。

很快,菲利普就收到了弗兰克的回信,信中不仅对他表示了道歉,还另外奉送他一张光碟,并且为了确保以后不会再出现类似的情况,弗兰克还问了他一系列的问题:在哪儿买的?什么时候买的?他认为什么地方出了毛病?当他去退货的时候,店家都说了些什么?

两天后,光碟制作公司打来电话,问他有没有收到回信,并询问是否一切都还满意。另外还问了其他一些更为具体的问题。为此,菲利普决定以后只买这家公司制作的光碟。

为什么遭受损失的菲利普态度会发生如此大的转变?从要求退掉到只买这家公司制造的光碟呢?因为在遭受损失之后,他得到了超过预期的回报。

应该说,光碟制作公司的负责人弗兰克处理菲利普投诉事件是相当成功的。他抓住了菲利普的心理,给予菲利普更多的回报并表示了歉意。这样做不仅消除了菲利普的怨气,还赢回了他的信任与支持。

通常情况下,遭受损失者所期待的"期望值"往往与道歉者所给予的"实际值"不十分吻合。如果遭受损失者的期望值是五分,却只得到二分、三分的道歉,那么,他就会认为失误者不负责任,从而加重对失误者的不满。

这也是为什么父母给受了委屈的孩子更多的零花钱,子女给失望的父母更多的礼物,他们都试图以过望的回报换来对方的冰释前嫌。

如果你身为父母或者子女,对于被你伤害的亲人也不可等闲视之。很多时候,更多的零花钱或礼物并不能完全解决问题,请大方地给予你的过望回报。也许,回报虽名为"过望",其实却很简单,不过是一句平日难以说出口的道歉、一个平日难得的温情拥抱。

不管回报是什么,只要对曾经受伤的人而言,是"过望"的,它就会非常有效。

心理学感言

无论是谁,在对方的失误使自己蒙受某种程度的损失时,都会有这样一种心理:希望从失误者那里听到与损失程度相当的道歉。如果遭受损失者期待五分道歉,却得到了十分。这样,他就会于意外之余,欣然领受道歉者的诚意,不计前嫌。

04 巧妙利用对方的弱点获取信任

我们在与别人共事的过程中,有必要对对方的为人做一个充分的了解。比如他有什么样的缺陷或不良嗜好。如果对方没有政治家的谋略,却有一些专门的爱好和艺术才华,了解了这些你就可以投其所好,抓住对方的弱点,巧妙地加以利用了。

第二章 如何在职场交往中识别他人的心理

童贯是北宋末年宫中的一个太监,童贯在太监中是个很特殊的人物,他虽是太监,但却没有一点儿太监的模样。据说他身躯高大,声如洪钟,力大无比,而且由于手术不彻底,他的嘴唇上居然还长出了几根胡子。由于妃子和宫女们深宫寂寞,拥有这个得天独厚条件的童贯,就极容易讨到妃子、宫女的欢心。再加上童贯生性豪爽,不惜财物去结交众人,而且度量很大,不计较小是小非,所以,宫廷内部上上下下都很喜欢他。

童贯善于察言观色,这种本领到宋徽宗即位后更是发挥到了极致,终于让他发了迹。童贯主持枢密院,掌握兵权达20年,与宰相蔡京相互勾结,狼狈为奸,权势之大,其实还在宰相之上。蔡京是男人,被世人称为公相;童贯是阉人,所以人们称他为"媪"相。

宋徽宗即位之后,自认为终于可以有机会大展自己的"艺术才华"了,就派遣童贯四处搜罗天下名画,供他观赏摹画。当时,书画艺术最为发达的地区是在东南沿海尤其是江浙苏杭一带,于是,童贯就来到了杭州。办这趟差使,对他而言真是千载难逢的好机会,他知道宋徽宗酷爱书画艺术,只要能针对这个特点把事情办好,肯定会受到宠信。童贯不愧是富有经验而又深谙人情世态的厚黑老手,他的分析是极有道理的,热爱艺术的人往往不顾其他理性因素,只要能在情感上相通,便置一切于脑后。童贯在苏杭一带把历史名画和时人杰作源源不断地送到宋徽宗的面前,徽宗在大饱眼福之后,对这位使者的尽心尽力也十分感激。

不久,童贯在杭州遇到了逐臣蔡京,二人竟一见如故,十分投机,童贯就想借此机会荐举蔡京。

恰巧,蔡京也精于书法,还通绘画。在中国书法史上,北宋有苏、黄、米、蔡四大书法家,苏指苏轼,黄指黄庭坚,米指米芾,蔡就是蔡京,只是后人因为蔡京是奸臣,不愿把书法家这一桂冠套在他的头上,把姓蔡的换成另一个人。童贯就利用蔡京的这一特长,每次送给徽宗的书画中都带有蔡京的作品,并附上吹嘘蔡京的奏章。徽宗见了蔡京的书画,本就喜欢,再加上童贯的吹捧,就决定拜蔡京为相。正巧,朝内新、旧两派斗争不休,徽宗即借调和两派关系之因由,免了宰相韩彦忠,于公元1102年7月,任

职场必备的心理学

蔡京为宰相。而童贯在朝中也如虎添翼般地多了一个帮手,从此更加如鱼得水,步步高升到了权倾天下的地步。

想让人家上房,先给他搭好一个梯子。唯有如此,我们才能影响他、打动他,并进而达到自己的目的。

心理学感言

能让对方心甘情愿地为自己办事,不失为一种上上之策。要达到这个目的,就要抓住对方的特点,迎合对方的兴趣和爱好,利用突破口来化解对方心中的矛盾和疑虑,为他寻找一个合适的理由。

第三章

职场交际心理学中的识人智慧

在现实社会中,我们要想获得事业上的成功,就要学会与人打交道,处理好各种各样的人际关系。因为,只有人际关系理顺了,我们才能获得更多的支持和帮助,才能远离各种可能发生的隐患。想要拥有良好的人际关系,就需要学会读懂人心理的智慧,按照他人喜欢的方式与其交往。

一、学习知人之法,让自己成为智慧之人

曹雪芹认为:"万两黄金容易得,知心一人也难求。"白居易也在诗中说:"试玉要烧三日满,辨人须待七年期。"辨物与辨人在时间上相差至此,其难度可见一斑。能知人是一种智慧,而只有智者才能知人。

01　运用辩证法看透对方心理

在理想情形下,我们可以凭借了解别人与之友好相处,相互体谅和帮助;同时,我们也可以借着了解别人,来避免一些人际交往上的风险,免受一些不必要的损失。

有这样一个富含哲理的寓言故事:大门上挂了一把非常坚实的大锁,一根铁杆费了九牛二虎的力气,还是无法将它撬开。这时,钥匙来了,它瘦小的身子钻进锁孔,只轻轻地一转,大锁就"啪"的一声打开了。铁杆奇怪地问:"为什么我费了那么大的力气也打不开,而你却轻而易举就把它打开了呢?"

钥匙说:"这是由于我最了解它的心。"

是啊,每个人的心都像上了锁的大门,任你再粗、再有力气的铁棒也是撬不开的。只有了解别人,才能把自己变成一把细致的钥匙,进到别人的心中。

了解别人虽然很重要、很可贵,但了解别人也是非常不易的。

孔子走到陈国和蔡国之间的时候,穷困不堪,连野菜汤也喝不上,七天都没有吃上一粒粮食,白天只好睡觉。

他的弟子颜回费尽千辛万苦,终于找到一点米。颜回把米放到锅里煮起来。当米快要熟了的时候,孔子看到颜回抓锅里的饭吃。过了一会儿,饭熟了,颜回就来请孔子吃饭。孔子起身后说:"刚才我梦见了祖先,

他要我把最干净的饭食送给他们。"颜回回答道："不行,刚才有灰尘掉进锅里,把饭弄脏了一些。丢掉又不好,我只好用手抓出来吃了。"

孔子听了叹息说："我相信自己的眼睛,但眼睛看到的还是不可相信;我所依靠的是脑子,但脑子有时也是靠不住的。你们要知道,了解一个人确实不容易啊!"

孔子的话饱含着丰富的哲理。的确,世间万物,千变万化,复杂纷纭,现象与本质在很多时候都不是一致的。要想认识清楚,又谈何容易呢?

正如陶潜所说:"知人不易,相知实难。"

人们常说知人不易,但并不等于人不可知。

公元前271年,秦昭王派遣王稽出使魏国,范雎的朋友郑平安趁机向他推荐了范雎。经过一夜的长谈,王稽认定范雎是个不可多得的人才,便将他带回秦国。在返秦的途中,当车马走到秦国湖这个地方时,迎面碰上了秦相穰侯魏冉的车子。魏冉是昭王的舅舅,依仗姐姐的地位把持朝政长达几十年。这个人厌恶招纳诸侯宾客,唯恐威胁了他的权势。范雎虽是一介布衣,但对当时各国的形势非常了解,也极为关心,当然对穰侯也有所了解,因而远远地看见魏冉,就藏于箱中避祸。一会儿,穰侯车马来到,一阵寒暄客套后,穰侯目视车中,又察看了一下随行人员,然后对王稽说:"你此次出使魏国,没有带诸侯的宾客来吧?这些人为了自己的富贵,依靠口舌扰乱视听,全是些没用的东西!"

王稽忙附和说:"丞相所言极是!丞相所言极是!"穰侯没有发现什么可疑的情况,便离开了。

一场虚惊过后,王稽正要上路,范雎从车厢中出来说:"穰侯这个人生性多疑,刚才分明已经起疑心了。虽未立即搜索,不久必悔,悔必复来,我还是再回避一下的好。"

说着下车从小路前行。果然如范雎所料,不久二十余骑飞驰而来,声称奉相命搜查,追索车中,见并无外国之人,这才转头扬长而去。经历这次变故,王稽对范雎佩服得五体投地,仰天长叹:"先生乃真智士,吾不及也!"

知人之所以不易,是因为人本身就是很复杂的动物。人既有闪光点,也有阴暗面,并且二者总是处在一个矛盾的统一体中,因此让人很难准确地认识和把握人的本质。人们在识人时之所以会出现这样或那样的失误和偏差,有时是因为认识能力的不足,有时则是由于各自的价值选择在起干扰作用。人的认识常常被自己的喜好所支配,这对人的认识既有促进作用,也有误导作用。如果识人者能够认识到这一点,还可调整自己的判断。如果识人者没有意识到这一点,而且还固执己见,认为自己喜欢的就是好的,自己不喜欢的就是不好的,那麻烦可就大了。如果识人者按自己的好恶去判断人的话,他的好恶又不是从客观标准出发,那将会发生许多问题。

心理学感言

我们识人时要立体地看、长远地看,既不能囿于一时之成见,也不能拘于一己之得失。只有这样,我们才能尽可能全面地、客观地去了解、认识一个人。另外,对人的认识还要讲究辩证法。发光的不一定是金子,冷硬的不一定是石头;笑着的未必幸福,流泪的未必痛苦;受到赞扬的不一定是君子,受到诽谤的并非就是小人;当面说好话的不一定真心,背后提意见的不一定恶意;所说的不一定是所想的,所做的不一定是所愿的。对人的观察,要由表及里,由此及彼,透过现象看本质,通过细节观真心。切忌先入为主,片面主观。不被表面现象所迷惑,就可"知人"而不至于"误知",就可以达到大哲大慧的高境界。

02　读人如读书

身在社会,每个人都想成为交际达人,都想拥有坚不可摧的人际网。那么,究竟怎样才能达到这样的目的,怎样在交际市场上如鱼得水,获得良好的人缘呢?答案很简单,需要我们在生活中"阅读"每个人的内心世界。

尤为简单的读人莫过于读婴幼儿,每当婴幼儿啼哭时都表示着有什么要求,细心的父母自会读懂。大音乐家贝多芬曾把婴幼儿的啼哭比作是"世界上最动听的音乐",那么,婴幼儿的笑靥,也就可以比作是世界上最美丽的花儿了。

随着年龄的不断增长,人变得越来越复杂起来,要读透一个人也就日见其难。但尽管难,我们还得读。做主管领导工作的,能不读人吗?不然怎么能够做到知人善任;搞经营管理的,能不读人吗?不然怎么会知道与你打交道的是儒商还是奸商;搞文学的,能不读人吗?有道是文学即人学;即使你什么功利目的也没有,只是日常生活中交个朋友,也得读人,不然你怎么会交得知己良友?

读人也是一门必要的学问,会读的人读全面,不会读的人仅读到枝节;会读的人读内在的本质,不会读的人仅读表面的现象。由此,历史上因读人的正确与失误所得出的经验教训真是车载斗量,不胜枚举。

有一次,日本名古屋商工会议所主席土川元夫接待一位要求到他那里工作的人。谈了20分钟,他就作出了决定:此人不能留用。推荐者问

职场必备的心理学

他为何这么短的时间就能决定取舍,土川元夫说:"这个人与我一见面就滔滔不绝地说个没完,根本不给别人留有说话的余地,我说话的时候,他又满不在乎地根本就不在意听,这是他的第一个缺点;其次,他很得意地宣传他的人事背景,说某个达官贵人是他要好的朋友,另一位名人也是经常与他一起喝酒的酒友,沾沾自喜地炫耀出来故意说给我听,让我了解;第三,我所关心的话题,他又谈不出来,这种人怎么能够任用呢!"听了土川元夫的这番分析后,推荐人佩服得直点头。

人心隔肚皮,读人实在是不容易,但不得不读。只有读懂人,才有知人之明,而读不懂人,就会败事,甚至伤身。战国时期的军事家孙膑,因当初没有读懂庞涓,因而受到了剐掉膝盖骨的重刑,而韩非没有读懂李斯,最后竟被囚禁而死。

能读书的人,更要学会读人。哪怕仅仅是一颦一笑,一丛鱼尾纹,文学家从中透视人们深埋其中的哀乐人生,社会学家从中寻觅以往的历史,心理学家从中管窥人们的血型和性格,哲学家从中剖析人性的善恶,医学家从中判断人们的健康状况。

即使我们的人生并不是一首动听的牧歌,但首先自己得光明磊落,心地坦然,然后,才能以冷静的眼光去看待社会中的人,去读懂社会中的人。读好了人这部大书,有助于我们的事业。

心理学感言

如果我们能把人心理像书一样拿在手上阅读的话,就会以更热情和自信的态度来面对芸芸众生。但是,要读懂人心理,并不是一件轻而易举的事情。人都有隐蔽着的内在思想、动机等,这些都是人们所不愿意轻易示人的。然而,这些隐蔽的东西总会不自觉地通过外在的行为表现出来,从而被人们觉察到。

03　如何识人

世界是人的世界,想要读懂世界,就要读懂人。成大事者都知道自己成长的真正土壤就是由人组成的社会,所以他们走上社会之前先学习如何识人,看懂人心理是他们成功的重要法宝。

在我国历史上,历代杰出的思想家、政治家都认识到"为政之要,唯在得人",发出了"千军易得,一将难求"的感叹。这不仅是看重人才在决定战争胜败、国家兴亡中的重要地位和作用,同时也是对知人识人不易的感慨。为此,所有成大器者,没有不会看人识人的,他们不仅是知人识人的专业研究员,也是深有资历的识人专家。

人的识别,是对人的觉悟、品质、知识、工作能力、性格、精力状况等方面进行全面的历史考察与评价。"知人"既是人才管理的重要内容,又是对人合理评价和科学管理的前提条件。可以说,知人是坚持公道正派、任人唯贤的基本保证。没有识人的"慧眼","近己之好恶而不知",就不能坚持公道正派、任人唯贤的原则。知人是对人才实施科学管理的重要环节,知人是"人尽其才,才尽其用"的必不可少的环节,同时也是激励人才奋发进取的有效措施。

刘邦的长处是善于知人用人,大胆从基层提拔人,对陈平的重用就是其中一例。刘邦看中陈平的长处,因此,没有猜疑他是归降之臣而重用之。等到大臣谗言毁之时,刘邦却深明用人之道,不予理会,对陈平厚加赏赐,提升为护军中尉,监察全体官兵。从此,诸将再不敢谗毁陈平。

中国历史上的明君唐太宗曾说的"何代无贤"非常值得今天的识人用才者深思、借鉴。唐太宗之所以出现"贞观之治",就是因为他知人识人。

"人之难知,不在乎贤不肖,而在于枉直。"即识别虚伪和诚实。人有坏人与好人之分,英雄有真英雄与假英雄之别,君子有真君子与伪君子之差。人还可以分为虚伪与诚实;有人表面诚实内心藏杀机;有"大智若愚",表面看上去是愚笨的样子,而内在里却是聪明之人;有"自作聪明"

职场必备的心理学

而实际愚笨的人……

难怪人们常说,"天下者,知人为难。"今天,大家懂得知人难,就不会对人轻易下结论,就会更科学地鉴别人,就会更冷静客观地证人。

"事之至大,莫如知人"。对于领导者来说,"帝王之德,莫大于知人",没有比识人更重要的了。对聪明的人来说,"知者莫于知贤",没有比发现和了解贤者更重要的了;对于主持政务的人来说,"尚贤者,政之本也",尊重贤士是治政的根本。"求治之道,首与用贤"。治理国家的方法,首先在于使用贤人。"安危之本在于任人",即国家安危的根本在于任人。

"夫为国家者,任官以才,立政以礼,怀民以仁,交邻以信;是以官得其人,政得其节,百姓怀其德,四邻亲其义。夫如是,则国家安如磐石,炽如焱火,触之者碎,犯之者焦,虽有强暴之国,尚何足畏哉!"

这就告诉人们:对于治理国家的人来说,任命有才能的人为官,按照礼制确立政策法规,以仁爱之心安抚百姓,凭借信义结交邻邦。如此,官员由有才干的人担任,政事得到礼教的节制,百姓人心归附只因为他的德行,四邻亲近友善只因他的恪守信义。这样,国家则会安如磐石,炽如火焰,触犯它的一定被撞得粉碎,冒犯它的一定被烧得焦头烂额。如此,即便是有强暴的敌国存在,又有什么值得畏惧的呢!但要做到这一点,只有知人才能为事之至大。因此,一个成功人士首先必是一个善于识人知人的高手。

所以,我们说,成事之先要识人,识人方可兴大事。

心理学感言

一个人要想成事,先得学会识人。识人就要坚持"不一个人看人,不一只眼睛看人。"坚持用全面的、客观的、辩证的、发展的观点看人,做一个善于识别"千里马"的"伯乐"。

二、一眼便知他人心理

要在极短的时间内看透人心理,就要掌握一眼看透人心理的诀窍,这就取决于你的慧眼。慧眼得于秀心,秀心得于"知心"——具有对人性本质和非本质的东西敏感而且能够把握的素质和技巧。

01 由外及内,从表即里观察

中国自古以来就有识人术的存在,识人基本上是出于一种对人心理上的判断,与现代的心理学研究的问题有相通之处,但这与多少有迷信色彩的相人不同,它主要是以相人为基础,进一步分析眼神、表情和举止动作等一些细微的方面,从而得到对一个人综合性的判断。对于这些,说起来似乎神乎其神、不易做好,但只要你具有足够的耐心和细心,也是可以具有一双慧眼的。

汉高祖刘邦年轻时做客吕公家,吕公见刘邦相貌奇特,当时就决定将唯一的千金许配给他。那就是后来也闻名一时的吕后了。

三国时的桥玄,初见曹操便直断其有安抚百姓的才能。桥玄观察曹操的一言一行,心中便已明白此年轻人不简单,因而也就给了很高的评价:"卿治世之能臣,乱世之奸雄也。"也就是说曹操在太平无事的时候可以当一个能干的大臣,而在生逢乱世的时候就能成为世间的奸雄。据说曹操"闻言大喜",认为桥玄是了解自己的人,而后来事情的发展也充分地证实了桥玄的预言。

要做好识人这一步,是需要坚持一些原则和要领的。

第一,从外部表现看内部实质。

识人当然是从人的外部表现开始,但是却不能停留在外部表现上,而要从一个人外在的表现看出他(她)内在的品性,这样做才是正确的识人

职场必备的心理学

之道,然而这实在不是一件简单的事情。

人的外在表现一般包括人的精神面貌,体格筋骨,气质色相,仪态容貌和言行举止等。人物志共列出了九征,分别为神、精、筋、骨、气、色、仪、容、言,根据这九种外在的表征,可以看出一个人所具有的性情,从而了解他(她)的勇怯、强弱、躁静、缓急等等。

性情的重点在于情而不在于性,原因是情是由性生出来的,同时情也要受环境的感染,人人几乎各有不同。所有这些都决定了人情的变化相当繁杂,如果用分类法来加以区分和归纳,实际上都显得牵强而不够精细。但是,以简御繁,把人情归纳成几种简单的类型,仍然是十分必要的。例如《人物志》所采用的十二分法,便是把形形色色的人,根据性情归纳成十二种不同的类型,通过进一步分析其利弊,便可以为知人善任提供有力的参考。

第二,由显著表现看细微个性。

我们做事情的原则,在于由小见大,由微见著。但是识人的要领,则正好相反,而在于由显见微。

有些人常常东张西望,心浮气躁;有些人则安如泰山,气定神闲。前者往往是拿不定主意、犹豫不决的人,而后者则很可能是临危不乱的高人。一个人的气质到底如何,很容易从他的容貌和姿态上看出来,无论是眼神、印堂还是眉宇之间,都相当地显著。

第三,认识共同点,辨析不同处。

人看来看去,似乎只有那么几种类型。然而只要再细加分析的话,那也不难发现,其实同一类型的人,往往又具有各自不同的情性。从这些不同的差异中看出其共同的本质,固然对我们来说可以从整体上把握一类人的普遍共同点,能够从一个新的高度对人的类型有清醒的认识。但是从共同中要发现各自的差异,也是十分必要的。

例如历史上的王莽和诸葛亮,有很多相同的地方,但是结果王莽篡位,而诸葛亮则为蜀国鞠躬尽瘁,死而后已。

心理学感言

要想一眼判断别人的性情,的确是一件很难的事情,这需要你综合地去看一个人。识人当然是从人的外部表现开始,但是却不能停留在外部表现,而要从一个人外在的表现看出他内在的品性。同时,还要看一些细节及他与别人的不同之处。这样做,才是正确的识人之道。

02 看穿对手类型

每个人的爱好、想法都不一样,所以我们经常遇到的对手也各不相同。

有一位经理,为人沉默寡言,怎么看也不像是个中层领导。无论你与他说什么,他总是以沉默回答,你真是拿他没有任何的办法。当有人给他介绍客户的时候,他也只是淡然地说声:"哦!是这样啊。"然后手持对方名片,呆呆地看着。

这位经理就是一个沉默寡言的人。这样的人不爱开口讲话,与这样的人交涉事情,实在是十分吃力的任务。因为对方太过于沉默,根本就没办法去了解他的想法,更无从得知他对自己是否具有好感。

对于这类型的人,你最好采取直截了当的方式,让他明白表示"是"或"不是","行"或"不行",尽量避免迂回式的谈话,你不妨直接地问:"对于甲和乙的两种方案,你认为谁的方案比较好?是不是甲的方案好些啊!"

与人交涉时,倘若能够明白对手属于何种类型,应付起来就比较容易了。

(1)傲慢无礼的人。有些人自视甚高、目中无人,时常表现出一副"唯我独尊"的样子。像这种举止无礼、态度傲慢的人,是最不受欢迎的典型。但是,当你不得不和他接触的时候,你该怎样对付他呢?

某单位一位负责人,说话虽然客气,眼神里却有些许的傲慢,且不带一丝笑意,这种人实在是很不好对付的,当初次会见他的时候,给你的感觉是有一种"威胁"的存在。

对付这一类型的人,说话应简洁有力才行,最好少跟他啰嗦,所谓"多说无益",因此,你要尽量多加小心,以免掉进他的圈套里。

不要认为对方对你很客气,就礼尚往来地待他,实际上,他多半是缺乏真心诚意的;你最好在不得罪对方的情况下,言词尽可能做到"简省"。

当然,任何一个人都有自己的立场和苦衷,这位负责人可能自觉"怀才不遇",或怨恨自己运气不好、无法早点出头;又由于其在社会上摸爬滚打甚久,城府颇深,故尽管不受领导眷顾,也会在"保卫自己"的情况下,与人客气寒暄。因此,我们只要同情他,而不必理会他的傲慢,尽量简单扼要地交涉就可以了。

(2)死板的人。这类型的人,就算你很客气地与他打招呼、寒暄,他也不会做出你所预期的反应来。他一般不会注意你在说些什么内容,甚至你会怀疑他听进去没有。

与这种人打交道,刚开始时多多少少会感觉不安,但这实在也是没有办法的事情。

遇到这样的情况,你就要花些工夫,仔细观察,注意他们的一举一动,从他们的言行中,寻找出他们所真正关心的事来。你可以随便和他们闲聊,只要能够使他们回答或产生一些反应,那么事情就好办了。接下去,你要好好利用这一话题,让他们充分表达自己的意见。

每一个人都有他感兴趣和所关心的事,只要你稍一触及,他就会滔滔不绝地说,此乃人之常情,因此,你必须好好掌握并利用这种人性心理。

(3)顽固不通的人。顽强固执的人是最难应付的,因为不论你说什么,他都听不进去,只知道坚持自己的意见,死硬到底。与这种顽固分子交手,是最累人且又浪费时间的一件事,结果往往徒劳无功。所以,你在和他交涉时,千万要记住"适可而止",否则,谈得愈多、愈久,心里也就愈不痛快。

对付这类型的人,你不妨抱定"早散""早脱身"的想法,随便敷衍他几句,不必耗时、费力自讨没趣。

(4)草率决断的人。这种类型的人,乍看好像反应很快,他经常在交涉进行至最高潮的时候,忽然妄下决断,予人"迅雷不及掩耳"的感觉。

由于这种人多半是性子过于急躁,因此,有的时候为了表现自己的"果断",决定就会显得随便而草率。

由于他们的"反应"太快,每每会对事物产生错觉和误解。其特征是:没有耐心听完别人的谈话,往往"断章取义",自以为是地做出决断。

如此虽使交涉进行较快,但草率做下的决定多半会留下后遗症,招致意料不到的后果。

假如遇到此类型的人,最好按部就班一步一步来,把谈话分成若干段,说完一段(一部分)之后,马上征求他的同意,没问题了再继续进行下去,如此才不致发生错误,也可免除不必要的麻烦。

(5)深藏不露的人。我们周围存在着很多深藏不露的人,他们不肯轻易让人了解其心思,不愿让人知道他们在想些什么,有时甚至说话不着边际,一谈到正题就"顾左右而言他"。

当遇到一个深藏不露的人时,你只有把自己预先准备好了的资料拿给他看,让他根据你所提供的资料,做出最后的决断。

人们多半不愿将自己的弱点暴露出来,即使在你要求他给出答案或判断的时候,他也会故意装作不懂,或者故意闪烁其词,使你有一种"高深莫测"的感觉。其实,这只是对方伪装自己的手段而已。

(6)行动迟缓的人。对于行动比较缓慢的人而言,最需要的就是耐心。

你与对方交流的时候,或许也常常会碰到这种人,此时你绝对不能着急,因为他的步调总是无法跟上你的进度,换言之,他是很难达到你的预定计划的。因此,你最好拿出耐心,尽可能配合他的情况去做。

(7)自私自利的人。这世上自私自利的人为数不少,无论你走到哪儿,总会遇到。

这种人心目中只有自己,凡事都将自身的利益摆在前头,要他做些于己无利的事情,他是不会考虑的。

他们始终在计算着自身的利益。正因为他们最看重数字,故有所坚持的,一定是自己的利益;至于其他事情,他们不会在意怎么做好它,只考虑怎样做才最省事。

这种悭吝之徒,任谁都不会对他们产生好感的。但是,当我们不得不与其接触、交涉的时候,只有暂时按捺住自己的厌恶之情,姑且顺水推舟、投其所好。当他发现自己所强调的利益被肯定了,自然就会表示满意,如此,交流就会很快获得成功了。

(8)毫无表情的人。人的心态和感情,往往会通过脸部的表情显现出来,故在与人交流的时候,表情往往可供作判断情况的工具。

然而,有些人却是毫无表情可言的。也就是说,他们的喜怒是不形于色的,这种人若非深沉,就是呆板。当你和这种人进行交际时,最好的方法就是特别注意他的眼睛和下巴。

常有人说:"眼睛是会说话的。"诚然,眼睛是灵魂之窗,"观其眸子"你自然可以知道他的心思。

同时,你还可以从对方的表情中,看出他对你所持的印象究竟怎样?

有时候,自己会过分紧张得连表情都不很自在,此时,你不妨看看对方的反应:是不加注意、无动于衷?还是已然察觉、面露质疑?留意他的眼神,你一定可以得到答案。

有时候,适度的紧张和放松也可以在交际中形成一种理想的气氛或局面。只是,当你明白对方的反应是受自己的应对态度所影响,进而影响到交际的结果时,就不得不特别注意、研究一下自己的言行举止了,尤其是脸上毫无表情的人更应注意才行。

心理学感言

如果想看穿你的对手,首先要先弄明白对手的类型。根据对手的类型,采取不同的方式应对他就比较容易了。一般对手的类型有上面提到的八种,只要你有的放矢地去辨别,相信你能看明白自己的对手。

03 看清人的本性

一个卓有见识的人,即使在十分安全的地方,对生活中发生的不同寻常的事情或举动,都会居安思危,事先看透他人的真实居心,而采取未雨绸缪的防范之策。

春秋战国时期,赵国的国王赵简子想确立王位的继承人。于是赵简子写了一篇训辞,并将训辞分别写在两块竹简上面,叫两个儿子各执一块,并要熟记训辞的内容。三天之后,赵简子将大儿子伯鲁叫到身边,要他背诵训辞,可伯鲁一个字也没有背出来;叫他把竹简拿出来看一看,伯鲁说早就弄丢了,现不知去向。赵王虽然不悦,但并未面斥。接着赵简子又把无恤叫来,叫他背诵训辞,无恤从头至尾一字不漏地背了出来,后问他竹简在哪里,无恤立即从袖中取出,并恭恭敬敬地奉呈赵王。赵王心虽然高兴,但并未夸奖。通过这次考验,赵王了解了两个儿子的做事态度,认为无恤能够严守父训,做事认真,听从教育,勤谨有礼,便确立无恤为他的继承人。

与赵简子相反,出身农户的刘裕虽没有多少文化,却能够一统天下,他凭借的是自己的豪侠志气。

刘裕在东晋末年南北朝混战之际,崛起于行武,终其一生,戎马倥偬。这位靠战争登上皇位的农家子弟,勇武善战,胸有韬略,的确充满了"金戈铁马,气吞万里如虎"的英雄气概。刘裕曾在桓玄手下做一个小小的头目,当时桓玄已篡位,在私下,他的夫人对桓玄说道:"依我看来,刘裕龙行虎步,风度不凡,恐怕不能为人下,不如早点除掉他,迟了恐怕养虎为患。"桓玄说:"我刚刚平定中原,目前正是用人之际,战时杀他对我没有什么好处。等北方平定之后,再作打算吧。"一个女子能够很快看出一个人的将来,是与她平素看人无数分不开的。只是等到桓玄"再作打算"的时候,刘裕早已羽翼丰满,率领他的人马向自己的帝王之路进发了,不出几年,便夺取了天下。

由此不难得出一个结论,锥处囊中,锋芒终显。一个有才能的人即使身处低位,也会通过言行举止表现出不凡来。这些不凡,是需要用心灵的睿智和慧眼去观察的。

"人心如面,各不相同。"人的心理状态是千差万别的,很难一目了然,洞察对手的心理,大致可以通过以下几种方法:

1. 反问对方以确认其意图

如果遇到说话语意不明者,而他又回避做明确的结论,乍见似乎有理,实际并不然时,为了确认他是否为意志踌躇的人,可利用他自发的双面理论来加以辨别。在他提出强调单方结论后,应立即反问他对于另一方的理论有何看法。

2. 请坚持讲完你的话

如果与人见面时,对方表现出闻一知十的态度,你就必须先存戒心。因为对方对你的个性、情绪毫无所知,却表现出闻一知十的样子,其意义大多表示不想倾听你的谈话而拒绝的姿态。只是对方似乎碍于礼仪或情面,不好直接表明。但是,如果话刚一说出,对方就频频点头表示了解,你不要缄默,而要坚持说完你的话,让对方更加了解。

3. 对方内心不安的表征

一般情况下,见面时双方都持着该有的礼仪待人,如果对方态度异常冷淡无礼,正表明他的内心隐藏着不安,为了掩饰其不安,便采用这种扰乱战术。你可不要被对方的假面具吓退,此时以冷静的态度应付,才是上上之策。

4. "面无表情"的表情

"面无表情"的表情,正是其内心无言的表达。当人类强烈的欲望无法得到满足,或心底充满敌意,或有着许多不愿为人知的情感,不敢直接表露而努力压抑时,就会变得面无表情。所以,无表情并非内心毫无所感,在他们没有表情的面孔下,实则隐藏着不为人知的想法。

5. 对方特别亲切时

面对对方亲切无比的应付态度,如果认为自己交际成功而沾沾自喜,那真是大错特错。对方过度亲切时,必须怀疑对方是否是为了掩饰内心的不安才如此,此时,你应该若无其事地转变话题,以把握对方的真意。

6. 对方若把话题岔开

对方将话题岔开,大致有三种情形。其一是因为完全不留神而岔开了,其二为突然产生出乎意料的联想而岔开,其三则是故意将话题引到别处的情形。这些情形都说明对方目前的精力已转向岔开了的话题上。因此,对于对方的谈话不要在中途打断,让他继续一段时间。如果是第一种情形的话,不久之后对方对于究竟何者才是正题也感到非常诧异。第二种情形中,因为本人并没有忘记本题,所以能自然地了解到其联想与本题的关系。而如果在隔一段时间之后仍然不能回到本题的话,就可以判断为第三种情形。依此种方法可以看到,乍看之下是很浪费时间、精力的"离题谈话",也是了解对方心理的一个绝好机会。

7. 不妨闲话家常

在不了解对方的性格、感情特点等情形下谈话,就像打拳击比赛,需要猛击。而做初次见面的完全脱离目的的闲谈,就如同没有目的的进攻,提供了看清对方本意的线索。如果对方加入到闲谈中,则可视为接受你态度的表现。如果对方并不参与闲谈,那么对于你所引出的闲谈,对方应该表示出一些反应。视其反应,你就可以决定是进是退,以改变自己的战术。

心理学感言

伟人与凡人,心力高超的人与智力平平的人,差别仅在咫尺之间。就是在那很微小的地方,有的人发现了重要的甚或石破天惊的事件,有的人却一无所见。因此,每个人都不可忽略小事,常常就是在小事上,就在对一个人举手投足的认识上,可以看出事物变化的真实情况。

三、察言观色,透视他人心理

今天的你我,无论是人际往来,还是求人办事,不识他人就会处处为难。而不管是职场工作,还是家庭生活,不辨其心,就会时时碰壁。因此,从察言观色中透视心理就成了为人处世不可缺少的一门社交功夫;从言谈举止中看穿人心理就成了办事成事必须具备的一门人生艺术。

01　通过声音了解人的心理

　　声音是一种威力强大的媒介,具有表述作用,可以淋漓尽致地表达一个人的情感,同时也或多或少地展示了一个人的性格。由此,一个人仅仅凭借声音便可辨别另一个人的情绪、态度甚至个性。打电话时尤其如此。虽然不是面对面,看不见对方面部的表情,但是仍能够从对方的语调中,想象对方的心情。

　　在职场中有一种情况很常见:两个人在几个月,甚至几年中有过无数次的电话沟通,然而却连一次面也没有见过。直到某一天,当他们终于见到彼此,往往双方都会有"没错,就是他"的感觉。声音的影响力可见一斑。

　　事实上,声音不仅影响听者的第一印象,而且影响所收到信息的最终质量。说话者的音高、语速和语调不恰当,会弱化语言信息,不利于有效沟通。相反,说话者恰当的音高、语速和语调,可大大强化语言信息,让沟通更有效。历史上许多成功的演讲便是明证。

　　1940年,丘吉尔当选为英国首相。这时,大不列颠正处于第二次世界大战战败的边缘,希特勒似乎要统治整个欧洲。但是丘吉尔却奇迹般地扭转了战局,并由此改变了历史。转折点就在于他的一次著名的演讲。1940年6月4日,他在下议院做了一场激动人心的演讲,鼓舞大家一定能够打败法西斯。

　　我们要战斗到底,我们要在法国作战,我们要在海上作战,我们要带着渐长的信心和力量在空中作战!我们要不惜一切代价保卫我们的国家,我们要在海滩上、在陆地上、在街巷中、在山上作战。我们永不言败……

　　丘吉尔的演讲很有气势,他的声音洪亮,语气坚定。通过演讲,他传递了自己的热情,表现了自己与法西斯奋战到底的决心,也展示了自己一定能够打败法西斯的信心。同时,演讲深深地鼓舞了每一个前线战士,激发了他们的斗志,坚定了他们的决心,增长了他们胜利的信心。

　　每个人的声音都是独一无二的,每个人的声音都蕴含了丰富的信息。要了解一个人,就一定要搞清楚他的声音所蕴涵的意义。

第三章 职场交际心理学中的识人智慧

人际沟通专家阿尔伯特·默哈比博士的研究成果表明,声音的暗示在语言表达中独领风骚。声音是一个人的"有声自我",在人们的互动中传递着 1/3 的信息。许多人留给他人的第一印象不是基于他们的长相,而是基于他们的声音。

《红楼梦》中林黛玉进贾府的场景,相信看过的人都会记得。林黛玉来到贾府,见过众人,正在说话,忽听后院传来笑声,有人大声说:"我来迟了,不曾迎接远客!"可谓未见其人,先闻其声;未聆其声,先闻其笑。这笑声不禁令黛玉纳罕"这些人个个皆敛声屏气,恭肃严整如此,这来者系谁,这样的放诞无礼?"这是凤姐的笑声,从后院传来,显得格外刺耳格外放肆。正是这笑声显示了王熙凤泼辣的性格和当家奶奶的身份,给黛玉留下了深刻的第一印象。

声音可以在音量、速度以及音调上有所不同。因此,辨别一个人声音的含义,需要关注以下几方面:

音量。一般情况下,性格内向的人说话,声音柔和而且谨慎;性格外向的人讲话,声音宏大而粗犷。喜欢大声讲话的人,为人一般爽快,然而其内心往往缺乏细腻,思想较为单纯;当人们与对方交谈时,如果对所表达的内容缺乏自信,其声音会在不知不觉中越变越小,有时甚至变成了喃喃自语。但是,一般人说谎时,由于害怕事情被揭穿,音调会不由自主地提高。同时,为了反对他人的意见,也可能提高自己的音调。

语速。语速即说话时的速度,也反映一个人的观点与态度。譬如一个人快速地说"两千块",再极慢地说"两……百……块",不同节奏下说出的话让人感觉是,两千块钱不值得一提,而两百块钱则是一个大数目。如果某人的说话速度突然慢下来,通常表示他心怀不满。如果忽然加快,可能在说谎,或者心怀愧疚。平常沉默寡言的人,忽然话多起来,并且显得很不自然,那么,他的心中多半隐藏着某个秘密。

声调。声调的高低,也是表达信息的一种方式。用不同的声调来说,往往就传达出不同的心意。一般来说,句末出现升调,往往表明对方正在提问。因此,如果你想向人请教问题,就不要让自己说话的语气单调平淡,那会使对方误解而得不到回答。

139

职场必备的心理学

> **心理学感言**
>
> 声音就像一面镜子,它能传递出人们许多潜在的信息,直接影响沟通效果。与人沟通,我们必须重视声音的表现力。一方面要辨识别人的声音,了解别人的心情;另一方面,要善于发挥声音的作用,用声音表现自我。

02　身体的姿态暴露人的心理

"一个手势""一踢腿",这些微小的动作有时很难引起人们的注意。但是,就是在这些微小的动作后面,却隐藏着巨大的玄机。在与别人交往的过程中,我们必须观察这些身体语言,读懂每个人的心。

著名人类学家霍尔教授告诫人们,一个成功的人不但需要理解他人的有声语言,更重要的是能够观察他人的无声语言——身姿,以看出其对别人的态度。

列宁在他生命的最后一年中,已经丧失了说话的能力。有一天,一些工人去看望他,第二天报纸上竟然刊登了列宁和工人们交谈的内容。人们看后都觉得不可思议,以为列宁又恢复了说话的能力。

其实,列宁这时还是不能说话,他是借助身姿,表达出了自己想说的话。

身体姿势是语言表达的一个得力助手,是人的内心世界的外部表现。但是,并不意味着每一种姿势都对应地反映每一种心理活动的具体内容。因为姿势所反映的心理活动是多种多样的。

在人际交往中,了解对方的心态,有利于选择合适的沟通方式。但是,对方的喜怒哀乐都藏在自己心里,我们如何知道呢? 这从他的身姿上可以看出来。因为身姿是一种无声的语言,能泄露一个人内心的秘密。

所以,我们在与他人打交道时,要多观察他们的行为态度,以了解他们的心态。

根据心理学的实验,如果与某特定对象保持距离,就应与对方视线相对。因为通过双方的位置关系,能显示出彼此的亲疏关系来。

如果他人站得离你稍远,但彼此视线相对的频率较高,这表示对方对你怀有敬意,也有亲近感,认为应与你保持目前的关系;如果他站得离你稍远,且彼此视线相对的频率较低,则表示他对你有恐惧感,没有亲近感,且想与你保持疏远关系。

当你来到一家新的公司担任领导工作时,你的新下属可能会对你产生防范心理。当你进一步了解之后,或许他们觉得你还不如以前的那位上司。其实,你可以通过他们的身姿来断定自己在他们心中的位置。例如,你的部下在你跟前摊开双手或垂下双臂与你说话,这表示对你友好和接纳。如果交叉双臂抱着,这就意味着某种防范。如果你一时无法确定对方交叉双臂是防卫还是舒服的姿势时,你可以注意看他们的手掌。双掌若是放松的,那他也是轻松的;双掌若是紧握或紧抓着双臂以致青筋暴露,那他对你肯定是防范。

还有一种身姿,也是人们观察他人所必须注意的,那就是坐在椅子上,跷起一只脚来。通常人们都会以为这人是开放而乐于与人合作的。但只要你仔细观察就会发现,这个姿势看似轻松,但实际上却极不合作。他经常会对别人的感觉或需要漠不关心,甚至有点敌意。

走路,也是你必须观察的一种身体姿势。查尔斯·柴契尔在《罗西雅德这一家》中描述了一个人走路的姿态:"一条腿不灵活、局促、僵滞而不能优雅地移动或站稳,好像对另一条腿心存戒惧,而想逃开似的。"这段描写,我们完全可以闭上眼睛想象出此人走路的特征。

在现实生活中,每个人走路的姿势各不相同。莎士比亚在《特尔勒斯和科尔达斯》一书中,对一只大公鸡的走路姿态有很好的描述:"一个高视阔步的运动家,它以腿筋而自豪。"一般说来,走路快且双臂自在摆动的人往往有坚定的目标而准备积极地加以追求;习惯于将双手插在口袋中,即使在天气暖和时也不例外的人喜欢批评而颇具神秘感。

心理研究者指出:"在一般情况下,要判断对方思想的弹性如何,只要让他在街上走走就能了解了。"因为,走路能最明显地反映出人的性格。

职场必备的心理学

心理学感言

通过对身姿的了解,人们可以对别人的内心有所洞察,并及时掌握他的思想动向。人的表情、动作、行为都有特定的含义,这些身体姿势虽不具备语言的直接意义,却往往比语言更能显露真实的内心。然而,在现实生活中每个人都在运用身体姿势,却很少有人真正自觉地去了解和应用它。

03 揭开虚伪的面纱

常言道:"知人知面难知心。"单从一个人的外在表现来看,很难真正地了解一个人。但是,人们在言谈举止上会泄露自己的内心世界,如果你能掌握洞察的奥秘,就能够识破别人的心态。

人们常常制造出一些表面的言谈举止进行自我包装,也就是常言说的"装模作样"。在身体语言学上,叫作"戴面具"。每个人都是一样,无一例外。人们给外界看的脸孔多数是另一个脸孔,即人们的言谈举止很少表示我们真正感受到的东西。

人们的外表印象向朋友或者熟人传递着一种人体语言信息。戈夫曼博士观察到,经我们仔细护理并戴在脸上的面具有时会突然松下来,使人们在一种暂时的衰竭状态下显示本来的面貌。由于疲倦或愤怒而忘记了继续包装我们的面孔。不妨仔细看看下班后高峰时候坐在地铁中的乘客;不难发现,人们的存在突然变得不加修饰,他们真实地以各种本来面貌出现。

人们每天都隐藏自己真实的面貌,经过仔细地自我包装,不让人体发出体现自我真正意识的信号。人们不断地笑,因为笑不仅表明欢乐,而且用来作为请求、自我捍卫及道歉的手段。

在一家饭馆里,当你必须坐到另一位客人旁边的时候,你的微笑表示:"我不想打扰你,但这是唯一的一个空位子。"

在拥挤的电梯里你被迫挤了别人,你的微笑意味着:"我不想侵犯你,无论怎样请你能够见谅。"

第三章 职场交际心理学中的识人智慧

在一辆突然刹车的公交车里,你被"扔"到了他人身上,你以微笑道歉:"对不起,我并不想碰疼你。"

人们就这样整天地笑,哪怕很生气,很愤怒,也照样微笑。向顾客微笑,向上司微笑,向领导微笑,向丈夫或妻子微笑,向亲戚微笑,向孩子们微笑,只是人们的微笑很少有真正的意义,就是因为它是人们戴着的面具。

人们的面具不光是戴在脸上,而是全身都可以戴上伪装的面具。这就好似人们装修房子,不仅要装修客厅,而且连厨房、卫生间都要装修一样。如果你读过曹禺的《日出》,你一定会记得剧中的人物,42岁的大丰银行秘书李石清与他太太李素贞的一段对白。这段对白是由李石清叫他老婆去陪他的上司们打牌而引起的。为了老婆能够去陪上司打牌,李石清当掉了自己的皮大衣。当他把80元钱给老婆的时候,李素贞硬是不愿意去陪上司打牌。

她对李石清说:"你想,在银行里当个小小的职员,一天累到死,月底领了薪水还不够家用,也就够可怜的;下了班还得陪着这些上司们打牌、应酬。孩子生病的时候,没有钱找医生治,还是得应酬。"

听了老婆这些唠叨后,李石清发了一通对社会不满的议论,然后,叹口气说:"要不是为了咱这几个可怜的孩子,我肯这么厚着脸皮拉着你,跑到这个地方来吗?陈白露是个什么东西?舞女不是舞女,娼妓不是娼妓,姨太太又不是姨太太,这么一个贱货!这个老混蛋看上了她。老混蛋有钱,我就得叫她小姐;他说什么,我也说什么。可是你只看见我把他们当作我的祖宗来奉承。素贞,你没有感觉到有时我是这么讨厌我自己,我这么不要脸,连人格都不顾地来巴结他们!我四十多岁的人,成天鞠着躬跟着这帮王八蛋,甚至于像胡四这个贱东西混,我一个一个地都要奉承,拉拢。我,李石清,一个男子汉,我——"他低下了头。

从这段话中,我们看到李石清"成天鞠着躬"是个外表,内心里充满了仇恨。正如他发脾气时所说:"这个社会没有公理,没有平等。什么道德、服务,那些都是他们骗人。你按部就班地干,做到老也是穷死。只有大胆地破釜沉舟地跟他们拼,或许还有翻身的那一天!"可见,他的内心是恨上司们,要"跟他们拼",但这只是给老婆说,一见到上司们,他马上又是"鞠着躬"。

143

职场必备的心理学

从身体语言上说,李石清所做出的"鞠着躬"的动作,就是一副面具,正是这面具隐藏了他真实的内心世界。

由此可见,人们总是用面具来隐藏自己的真实感受。但是在某些场合,我们会自动拿掉面具,比如在家里,我们的空间变小了,觉得更自由了,于是取下了面具。

因此,人们虽然可以戴上面具,用面具来掩饰自己真正的想法,但却不能掩盖本能的反应。人的面部表情或是肢体动作,其实就是一个"心灵显示器",注意观察别人在不经意间流露出的身体反应,你会读出更多的信息。

从对方的言行举止中,你就能够洞悉他的内心世界,千万不要被表面的面具所迷惑。

心理学感言

从心理学的角度来看,一个人的言谈举止反映的是他的内在修养,比如,一个人的个性、价值取向、气质、所学专业等。所以说,人的言谈举止,其实就是一个"心灵显示器"。但有时候,人们为了掩饰自己的某种心理,往往会做出一种表象,以迷惑他人。这就需要你注意观察别人在不经意间流露出的身体反应。

04　通过闲谈看穿人心理

从语言密码中破译他人的心态，闲谈是了解他人的一种最好的方式，整个氛围显得轻松愉快，又让他人心理上没有防线。

第二次世界大战中期，东条英机出任日本首相。此事是秘密决定的，各报记者都很想探得这个消息，竭力追逐参加会议的大臣采访，却一无所获。

有一位记者有心研究了大臣们的心理定势：谁都不会说出由谁出任首相，假如问题提得巧妙的话，对方也许会不自觉地露出某种迹象，从而有可能探得秘密。于是，他向一位参加会议的大臣提出一个问题：出任首相的人是不是秃子？

当时，日本首相有三名候选人：一是秃子，一是满头白发，一是半秃顶。这个半秃顶的就是东条英机。在这看似无意的闲谈中，大臣没有想到其中暗藏机关。因为他在听到问题之后，神色有些犹豫，没有直接回答问题。聪明的记者从这一瞬间，就推断出最后的答案，获得了独家新闻。因为对方停顿下来，肯定是在思考：半秃顶是否属于秃子？

与人谈话时，一些见识浅薄、没有心机的人就会很容易地把自己的不满情绪倾诉给你听。对于这种人，你不应和他保持更深更多的交往，只需当作一个普通朋友就行了。

在日常生活过程中，还有一类人，他们无论在怎样的场合，与他人交谈的时候，都习惯把话题引到自己的身上，吹嘘自己当年奋斗的经历。唯恐他人不了解他的光荣历史，而结果，并不像他想象得那样。

实际上，从某个方面来分析这类人，不难发现他是一个对现实不满的人，虽然他没有用怨恨的语言倾诉他自身的想法，相反，却用自我表现的方式表达出来。

其实，他还不知道这种自我吹嘘的言谈，很难适应时代的变化。或许他是个不折不扣的失败者，完全靠怀旧来过生活。

不过，可以看出他的确陷入到某种欲求不满的环境中，或许他的升职

145

途径遭受到阻碍,或者无法适应目前所处的环境。因此,他希望忘却现实,喜欢通过追寻往事来弥补目前的境遇。

这是一种倒退的现象,因为眼前的情况是如此的残酷,由此,他仍用梦幻般的表情来谈。从他的话题里,别人会发现他的内心深处正潜伏着一股无可救药的欲求和不满的情结。

分析一个人内在表现的时候,他的潜在欲望不但隐藏在话题里,也存在于话题的展开方式上。在聚会上,大家彼此正在交谈时,有人竟然不顾别人的谈话,而突然插进毫不相干的话题,这是相当令人讨厌的方式。

宋代文学家苏东坡,他极具语言的天赋,雄辩无碍的他,却十分注重别人的谈话。有时和朋友在一块聚会,他总是能静下心来,听朋友们高谈阔论。在一次聚会中,米芾问苏东坡:"别人都说我癫狂,你是怎么看的?"苏东坡诙谐地一笑:"我随大流。"众友为之大笑。即使是朋友之间不同的观点,他也以"姑妄言之,且姑妄听之"的态度来对待。

由此看来,一个优秀的谈话者,是很少谈及自己的事情的,而是将他人引出来的话题整理、分析,不断地从对方身上吸取有用的信息或观点。在一般情况下,有的人将全部注意力放在倾听别人的谈话上,从性格上来看,这一类型的人容易理解别人的心思,而且具有宽容的精神,有真正的君子风度。

心理学感言

在人际关系中,最容易被破译密码的方式就是闲谈,因为闲谈大多都是在人们不经意的时候进行的。这个时候,人的心情最松弛,对别人也最没有防范意识。通过闲谈看人时,要注意他的说话内容、语气、口头语、客套话等多方面。

05 大处着眼,小处入手

我们要完完全全地认识一个人,只听他说出的话是远远不够的,因为他的话可能是真也可能是假,还有可能半真半假。

在日常生活当中,人们仅仅依靠一张嘴是很难完成交际沟通的,以及真实全面地传达出自己的感情,于是采用了一些辅助手段。手舞足蹈说的是人高兴时的手足动作,抓耳挠腮说的是人着急时候的样子,张牙舞爪说的是人凶恶的表现……从中不难看出身体的动作可以作为表达情感的辅助工具,也可以从中窥出一个人的性格特征。所以要想深入了解周围人的真情实感,可以从细心留意他们的一举一动入手。

东拉西扯,频频打断别人话题的人。这种人倾向于冒进,欠缺稳重,给人一种毛头小子的感觉,很少有人会和他们长时间地交流,更别提促膝而谈,所以他们很少有真正的朋友和可以依靠的人。除非有求于他们,但必须提防的是他们做事往往虎头蛇尾,雷声大,雨点小,所以千万不要把全部的希望都寄托到他们身上,否则定会吃大亏。

习惯性点头的人。这种人比较关心他人和体贴别人,知道给予配合的重要性。及时表达自己的认同,可以使说话者增强自信和对谈论话题深入思考,并得以充分发挥,有利于找出最好的解决问题的方法,于人于己都有好处。在日常生活与工作中,他们同时也是愿意向他人伸出援助之手的人,能够尊重别人的弱点,在力所能及的范围内寻求到解决问题的方案,具有热心助人的性格特征。能够聆听别人全部的说话内容,并给予认真的思考和回答,让说话者有被认可的感受。因此,会认可和欣赏他们,把他们当成可以深交的伙伴。他们也是一些乐于交朋友的人,这不仅表现在能够给予朋友力所能及的帮助,而且还在内心深处关怀和体贴朋友,处处为朋友着想,时时想着为他们排忧解难,准备随时帮助朋友,最为难得的是经常在尚未得到别人请求协助的时候便伸出了援手。

心不在焉的人。这种人属于精神涣散者。他们不重视谈话过程,自然不会在意谈话内容,假设用心听了,那也是粗枝大叶,丢三落四。这种结果的外在表现是他们办事容易拖拉,一延再延,因为他们根本就不知道对方让自己做什么,而且得过且过;如果目标已经明确,条件也具备和成熟,他们却又往往无法把精力集中起来,或是一心二用,或是驰心旁骛,接到手中的任务往往不了了之,毫无责任感,终身难有所成就。

喜欢凝视别人的人。凝视是一种意志力坚定的表现,他们常常不用

职场必备的心理学

过多的言语与动作就已显得咄咄逼人了,而且不管是男是女,都表明他或她现在是充满力量的强者。假如眼光真的可以杀人的话,他们的凝视肯定可以成为致命的武器,因为与这种目光接触,难免会有受到攻击的恐慌。实际上,大多数人之所以凝视他人,只是为了想看穿对方的性格而已,并无实际攻击意图。

乐于与别人目光接触的人无疑是主动向对方展示自己的内心,表明既希望能够深入了解对方,也为对方了解自己敞开了大门。他们充满了自信和直爽,从不怀疑自己的动作会给他人带来不愉快。他们懂得为他人着想,所以做事专心,尽量满足大家的要求,希望做出好的成绩让公众认可自己,接纳自己;懂得礼貌在交际中的作用,能够把握分寸,非常适合需要面对面进行交流的工作。

乘人不注意窥视他人的人。这种人属于心术不正类型。自身根本就没有什么特长或惊人之处,但却总是想着能够"不鸣则已,一鸣惊人"。他们不知如何才能实现这个愿望,而现实当中又很少有人愿意理会这些空想家,结果使他们的自尊心受到很大的伤害。为了实现自己的白日梦,向世人证明自己的存在价值,他们学会了工于心计,善使机关。

坐立不安、精力充沛的人。这种人给人一种事业型的感觉,而他们也正是按照事业类型打造自己的。由于身边的工作机会很多,为了早日实现自己的目标,他们不允许自己错过任何机会,积极投入身边的所有事情当中,忙完这个忙那个,放下一头又抓起另一头,结果心急吃不了热豆腐,疲于奔命,造成极度的紧张,无法专心致志于分内工作,得不偿失。

动作夸张的人,哪怕是鸡毛蒜皮的小事,他们也要蹿上蹿下,扰得周围的人不得安宁。但他们的本质是好的,并不是存心想要别人不舒服,之所以会这样,其实是按捺不住热情和好强,认为光靠言语不足以表达心中炽热的感情,所以必须加进一些夸张的动作来表达自己的内心想法,以引起他人的注意和进行思考。可是在他们的内心深处,通常存在着极度的敏感和不安,他们无法确定自己的这种方式能否被人认可和喜欢。

心理学感言

要想深入了解周围人的真情实感,可以从细心留意他们的一举一动入手。在相互交流的过程中,对方的动作语言有时往往会真实地表达出他的想法。这就要求你在与人沟通的时候,不仅要会听,还要会看,会观察。

四、先知性格,而后知人心理

一个人的性格决定了他的社交方式,是个性张扬还是比较沉稳,在交往中很容易就能看出来。所以,识别一个人最好的方式就是从他的性格特点入手。这样不仅能够近距离看清他的庐山真面目,而且容易找到针对性解决问题的方法。

01 观其本质,察其为人

很多人认为人际交往能力与性格有关,外向者善于交际,内向者不善交际。这样的说法虽然有欠周密,比如性格内向者也有许多好朋友,性格

职场必备的心理学

外向者没有知心朋友的例子在现实生活中也不在少数。但是性格的确是影响人际交往最关键的因素。通常情况下,性格外向的人比性格内向的人善于交际,善解人意的人比霸道无理的人更容易交到朋友。

1. 热忱性格的人:最佳伙伴

热忱性格的人不论从事哪种职业,只要充分发挥其性格,便能得到肯定与赞赏。这种性格的人最适合具有挑战性的职业,工作积极又有效率,是典型先锋性格。富创意、喜爱看到事情的光明面是他们的优点,并且是活在掌声下的人,喜欢受他人肯定。这种人还能体贴他人的难处,让他人在工作上更有冲劲,所以有着很好的人缘。不论是上司、同事还是朋友,一旦了解他们,都会被他们的热情所打动,愿意成为他们的朋友。但是性格热忱的人由于自主性过高,喜爱表现自己,故容易和别人在合作上产生冲突,不利于建立良好的人际关系。这种类型的人,不论是在工作、学习和娱乐中,参与感、掌声与赞美都是他们不可或缺的原动力。

2. 细腻性格的人:潜在竞争对手

细腻性格的人很重视团体合作,不喜欢抢风头,这是他们的优点。因此他们通常都有着很好的同事关系。在同事的眼中,他们是温和和善良的,不会耍计谋陷害人,因此同事都愿意与他们相处,并且很容易把他们当作自己的知心朋友。但他们有时那慢工出细活的行事作风,不免让性急的同事看不过去,但一般不会引起同事的厌恶。个性温和的他们常扮演着沉默的角色,没有太多意见及野心,任劳任怨的个性常得到上司的赏识,是一个潜在的竞争对手。温和的他们也不是宰相肚里能撑船的人,细腻性格使得他们对伤害过自己的人往往不能原谅。这种性格的人,不但勤俭也很能为老板精打细算,有着精细的省钱之道。

3. 活泼性格的人:博而不精

活泼性格的人重视整体人际关系,很快便能适应新环境并结交新朋友;办事很有效率,再加上聪明及危机处理的应变能力,所以很讨上司喜欢。这种类型的人天生好奇,对所有的人、事、物都抱有很大的兴趣,喜欢学习各种新东西,对于新上手的工作,也能很快掌握,在公司里扮演通天角色。他们活泼的性格也使得他们经常是聚会和晚会上的灵魂人物,总能够吸引大家的注意。因此周围的同事或许会因嫉妒而与他们疏远,但他们活泼、不记仇甚至黏人的性格又会使得别人不好意思与他们生气,自然他们的人缘也不差了。

4. 谨慎性格的人:心思捉摸不定

谨慎性格的人对工作有高度的稳定性,善于察言观色、尽忠职守、生存力强、懂得上司与同事间的应变进退,并且善于营造和谐气氛,与同事合作性强,是容易相处的同事,也是易得到上司赞赏的忠臣下属。这种性格的人在人际交往中,是很受欢迎的,因为他们既不爱出风头,又不会给人难堪,总是小心翼翼,让周围的人感觉没有杀伤力,并且他们说话总是头头是道,让你不由得不佩服他们的说服力。但是谨慎性格的人,由于不喜欢表露自己的真正情感,他们好像戴着一副假面具,让人心生怯意,虽然并不会与人正面冲突,但是周围的人也不愿与他们有过多地交往,所以这种性格的人不容易交到知心朋友。

5. 急躁性格的人:重量不重质

这种性格的人天生拥有乐观与幽默感,人际魅力光芒四射,加上要面子,常请大家吃饭,所以在交往中也是很吸引人的。与谨慎性格的人一样,他们也不容易交到知心好友。急躁性格的人通常都有着一种很强的气势,这让他们看起来具有领导者的风范特质。他们在工作中也并非是一位有野心的人,但是他们与同事合作起来冲劲十足、很有效率,并且在工作中会主动分担别人的烦恼、主动学习别人的长处,所以很讨同事喜欢,有着良好的人际关系。

6. 冷静性格的人:零缺点原则

冷静性格的人,做起事来一板一眼均小心翼翼,工作对他们而言是乐趣及成就感的来源,他们行事井然有序得令人佩服,但有时却又少了点变通的弹性,给人个性内向、拘谨的感觉。通常这种性格的人不懂得表达自己的个性,让人有不易相处的印象。加上要求又特别多,令人无所适从。所以,在周围的人看来,他们是严格和没有幽默感的,所以大家不愿与他们有过多的相处。其实一旦与他们深交,就会发现他们的内心十分单纯,而且也很善于交谈。这种性格的人交往中的最大障碍是不善于表达自我,不懂得让别人对自我有更多的了解。

7. 好交际性格的人:公关高手

这种类型的人有极佳的公关手腕,所到之处都能很快与人打成一片。主动是其人际关系的第一步,在诸多性格中可说是独占鳌头,好交际的性格更能博得上司的好印象与赏识。在社交场所中,这种人左右逢源,如鱼得水,通常都是焦点人物。但是他们喜欢舒适的生活,害怕过度出卖劳动力的工作,故常常做事缺乏计划、想的比做的多,散漫、金钱观淡薄,这些均是他们晋升的绊脚石,也是让人不喜欢他们的理由。

8. 沉稳性格的人:情报局干员

稳定、内敛、不多言是沉稳性格给人的第一印象,但他们有着对人、事、物敏锐的观察力,缄默时的他们正处于"打量评估期",所以这种性格的人总能很清楚地对周围的情况做出准确的判断。在任何事情上,都像旁观者一样冷静和客观。这样的性格使得他们对周围的人总能提供一些客观有效的建议,因此在他们身边,总是有一群追随者。他们对工作有着自发性的热爱,并能承受很大的压力,做事的积极与面面俱到、果断令上司极为赞赏;有着情报局干员的本能与精神,能轻易打探各方线索、内幕消息、公司百态等等。这种性格的人在哪里都是很有能力的人,他们天生就是让别人倾慕的。所以他们的人际关系很广,并且很值得信赖。

9. 浪漫性格的人:没耐心和毅力

浪漫性格的人欠缺耐心,一成不变的工作态度可能会抹杀他们的创意细胞。生性爱热闹、热心、慷慨不计较金钱及随和的个性,使他们的人缘不俗,感觉敏锐且洞察力强,常以开玩笑的方式说出对事情的见解,不容易感到像谨慎性格的人一样的心机,反倒让人觉得平易近人,容易相处。做事勇于突破传统、有魄力,但一遇到挫折会很快打退堂鼓,缺乏愚公移山的恒心与毅力。

10. 固执性格的人:永远不会错

固执性格的人是尽忠职守把分内工作做好的人。他们在专长与技术领域中不断求进步,没有一步登天的投机心理,持有"一分耕耘、一分收获"的态度。具有主见及领导能力,对事物有相当的野心,是标准的工作狂热分子,在诸多性格中,跃居"最负责任感"之冠,而坚忍不屈的毅力是其成功之处。可是他们优柔寡断、固执己见的缺点可在其知错不改、明知故犯中一览无余。这种性格的人很难接受别人的意见,除非别人比他们优秀。这样的性格特征使得他们的人缘很差,因为他们总是让周围的人很难堪,并且错了也永远不会道歉。因此他们的人际关系很糟糕,但他们的朋友都是真正理解和关心他们的挚友。

11. 脆弱性格的人:害怕失败

脆弱性格的人有着过人的智慧,工作中有独到的见解,能完整、高效率地分析与策划,对自己有高度的自信与优越感,却又高傲、冷酷得令人讨厌,但是他们脆弱的性格常常能引发别人的同情心,反而人缘相当不错。冷静、理性、客观、实践力强是他们成功的关键,但却缺乏坚持的能耐,常常一碰到挫折就会轻易放弃;最害怕别人看到自己的失败,在他们的心中只有"我"永远是最好的。

12. 机警性格的人:明哲保身

察言观色是这种人的优点,明哲保身是其处世态度,他们永远不会主动参与与自己利益有可能冲突的事情。在他们眼中,只有自己是最可宝贵的。这样的人从来也不会得罪别人,甚至对每一个人,他们都一味褒扬和鼓励,所以他们的人缘极好,并且别人对他们的评价也很高。但他们在工作上却缺乏积极主动的个性,散漫的天性偶尔需要压力的鞭策,但空间式的思考模式,很适合于计划性的工作,思考周密,甚至将天马行空的想象力加诸计划中,使计划内容添加不少创意。

心理学感言

通过观察去了解他人是一个良好的途径。观察法是指在特定的环境中,对某个人的各种表现、待人接物等方面进行考察,得出综合印象,再经过自己的分析加工,最后把握其本质特点。观其本质而察其为人。这种方法是最易于实行的一种方法。因为它既不需要观察者去亲自接触其观察的对象,也不需要有意安排或预先准备,只需经常与其一起参加活动,能够在各种场合中看到其表现就行了。

02 通过饮食习惯察其性格

吃饭是我们生命中不可缺少的一项重要内容,人只有吃饭才能够维持生命的存在。但有的人吃饭是为了活着,还有的人活着只是为吃饭,这是两种截然不同的生活态度。吃饭是一个人从出生到死亡一直持续做的一件事情,所以会在自然不自然中养成一定的习惯,而从这些习惯中又最能表现出一个人的性格来。

喜欢站着吃饭的人,一般并不是特别讲究吃,他们会尽力讲求方便、简单,只要能填饱肚子就可以了。他们在生活中并没有太大的理想和追求,很容易满足,他们的性格很温和,懂得关心别人,为人也很慷慨和大方。

边做边吃的人,一般生活节奏是很快的,因为有许多事情要做,他们表现得也比较繁忙。但他们并不以此当作是自己的烦恼,甚至还觉得很高兴。

边看书边吃饭的人,明显属于是为了活着才吃饭的人,他们吃饭只是为了满足身体的需要,如果不吃饭也仍旧可以活着,相信他们会放弃这件既耽误时间又浪费精力的事情。边看书边吃饭的人,他们的时间表总是安排得满满的,为了能够做更多的事情,他们不得不千方百计地挤时间。这类人野心勃勃,并且也有具体的计划可以使自己的梦想变成现实。他们拥有积极向上的乐观精神,会把想法付诸行动。

边走边吃东西的人,虽然给人的感觉是来也匆匆去也匆匆,像是时间紧张的样子,但实际则不一定是如此,紧张很有可能是由于他们自己缺少组织性和纪律性而造成的。这样的人大多比较容易冲动,也会经常意气用事,常把事情搞到不可收拾的地步。

经常有饭局的人,多属于外向型的人,而且人际关系处得也比较好。这样的人如果不是有某一方面较突出的才能、具有一定的权利和地位,就是为人比较和蔼、亲切,并深谙人情世故,比较圆滑。

喜欢一边看电视一边吃饭的人,多是比较孤独的,电视或许是他们消除内心孤独的最好方式之一。

吃饭速度比较快的人,做任何事情都重视效率,而且也追求速度,他们总是希望在最短的时间内将事情做完做好。结果与过程对他们而言,前者相对要重要一些。

吃饭喜欢细嚼慢咽的人与吃饭速度很快的人恰恰相反,他们是属于那种慢性子的人,凡事都能以缓慢而又悠闲的方式来做,这从一个侧面也说明他们是懂得享受的人。

喜欢在餐厅里吃饭的人,多是比较懒惰而又爱享受的人,毕竟在餐厅里有人侍候,不用自己动手,但这样一个前提则是在经济条件允许的情况下。如果经济条件不允许还这样做,就显得不是那么恰当了。这样的人不善于照顾自己,但他们希望他人能够体会到自己的这种心情,然后来关心和照顾自己。他们不太轻易付出,往往会在别人付出以后自己才行动。

喜欢在家里吃饭的人,在一定程度上说明他们对家庭是相当重视的,具有一定的责任心。他们不太喜欢被人照顾和侍候,这样有时反倒会让他们感觉不自在,他们更倾向于自己动手。

心理学感言

民以食为天。饮食是生命中不可或缺的一环。有的人是为了活着而吃饭,有的人是为了吃而活着。饮食比其他任何习惯都更容易泄露一个人内心的秘密,因为饮食习惯绝大部分都是无意识的,是早在童年时代就已经形成的一种心态。从一个人喜欢吃什么东西可以观察出他的性格特点。同样,从一个人以什么样的方式来吃、他的吃相如何,也可以看出他的性格特点来。

03　通过睡床样式观其性格

曾经有人这样推崇床的地位：可以没有宽敞的住房，没有漂亮的车驾，却不能对卧室的那张睡床没有要求。记得在电影《恋上你的床》中，女主角每回搬家都要将属于自己的那张床随身带走，可见床对大部分人来说显得非常重要。

人的一生有1/3的时间都在床上度过，在床上睡觉、做梦，或只是躲在被子下。床是与人们分享最亲密想法和经验的地方。由于一张床要能够实现上述的目的，所以，这张床必须是安全和舒适的，它能够反映出床主人的特性。

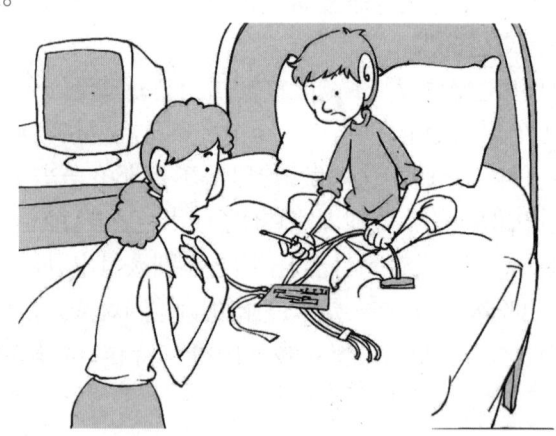

单人床。睡单人床表示从小到大的教育方式对他的道德观影响深远，而且他对自己的社交关系限制得十分严格。他是一个保守主义者，结婚之前，不会和别人分享自己的床。

3/4的床。比单人床要大一点儿，但比双人床要小一点儿。只要和某人同床睡觉，他喜欢和对方很亲近、很温暖地在一起。他或许没有伴侣，不过这段时间不会太长。他还没准备好对某人做完全的承诺，但是，他已经准备好付出75%了。

特大号床，他需要有自己的空间，而且这空间要很大。他需要玩耍的空间、逃避的空间。他不计代价避开被囚禁的感觉,为的是维持自己对自由和独立的渴求。特大号床表示:只要他想和他的同伴保持距离,随时都能做到。

圆床。他不晓得哪一头是床头,其实,他也不在乎,因为这样,生活才更有意思。既定的规则无法局限他,他喜欢把自己的床当作整个宇宙。

折叠床。他可能还没意识到,但他对已经压抑多年的性欲,有着深切的罪恶感。他能够放纵自己,然后再否认自己曾有过的那番经验。每当他把床折成椅子形状时,他所关心的只剩事业,他把自己的感情和床垫一起隐藏起来。这样的行为,可能会令那些刚和他共度良宵的异性惊惶失措。

日式垫子。让自己睡在地板上,这种来自东方半斯巴达式的地板垫子有股自律的意味。它们就像地板一样硬邦邦,而这点正合人意,因为他从来没打算让自己舒适自在。

镜子床。实际上他不太信任自己的情感,有了床上方的镜子,他才能够让自己相信一切真真实实地存在。

水床。这个人很善变,是个真正明白该如何"顺应潮流"的人。他可以把过去的经验完全融合在一起,使自己成为一个极度性感、令人满意的伴侣。

铜床。床就是他的城堡,四周有精巧的金属架,四角有四根尖尖的柱子。他觉得自己十分容易受伤,甚至在睡觉时,也需要保佑,才不会受到别人的攻击。企图卸下这种防御心的人,由于无法攻破周身这道坚实的堡垒而倍感挫折。

自动调整床。只要轻按一下按钮,就可以抬高或放低头和脚,并且可以调整出上千种位置。他是个完美主义者,无论花多少成本,费多少心力。他为人严苛,难以取悦,刻意塑造环境迎合自己的需求和想法,而且坚持到底,别无选择。他不去顺应别人,但别人必须适应他。

早晨整理床铺。如果他通常在早晨下床后,就把自己的床铺整理好,那他是个爱整洁、擅长打扮自己的人。不过,如果他每天早上都一定要把床铺整理得漂漂亮亮,那就是有洁癖。他会把浴室的每一条毛巾都叠得整整齐齐,家中每一个角落都打扫得一尘不染,而且沙发上还盖了一层塑料套子。别人到家里来,根本无法放松心情,因为他无时无刻不在找寻掉落的尘屑。

早晨不整理床铺。不曾有一位像严格的长官一样巡视你床铺的母亲,也不曾遇见一位像母亲一样检查床铺的严格长官。他自以为对人生的态度是怎样怎样的超然,其实,这一切反映在现实的生活里,不过显示出他是一个既懒惰又无纪律的人罢了。他的床变得邋遢透顶,邋遢到没有人愿意睡在上面。

心理学感言

一个人所选择的睡床的样式可以反映出一个人的性格特点来。所以,你要看透某人,只要到其家中看看他的睡床的样式就可以了。

五、细节识人,看其本质

一个人在生活细节上的表现,不仅仅透露出一个人的性格,还可以反映人的潜意识,反映人潜在的愿望。在观察人、识别人时,假如不善于知人,就会鱼目混珠、忠奸不辨、智愚难分、滥竽充数。如此,轻者会埋没人才,重者则贻误事业,因此,我们在识人时必须知人以微、知人以细,要从小处、生活细节识人,以小见大。

01　细节可知其真实心理

心理学家莱恩德曾说过这样的话,他说:"人们日常做出的各种习惯行为,实际反映了客观情况与他们的性格间的一种特殊的对应变化关系。"

两脚自然直立或并拢,把双手背在背后,这是一种充分表现出自信心理的姿态。习惯于做这种动作的人,一般而言都具有某一特定的自我优越感,更进一步地说是具有一定的知识水平和社会地位,能够担当起领导他人的责任而不是被他人领导。他们多会和别人的关系处得很融洽,这或许是出于维护自己现有的一切的一种需要。

两手习惯插在衣服口袋里并不时地伸出手来然后又插进去,两脚自然站立,此类型人的性格大多是比较小心谨慎的,任何事情想的都要比做得多,但由于想得过多,瞻前顾后,行动起来常常畏首畏尾,反而不能大刀阔斧,因此,最后的结果反倒大多数不会让自己太满意。在学习、生活和工作当中,这样的人大多缺少灵活性,为了避免风险,多用一些老套的方法去解决某些问题。这样的人害怕失败,是因为他们没有承受失败的良好心理素质,在挫折、打击和困难面前,他们往往是怨天尤人,灰心丧气,而不从自己身上寻找原因。

在很多时候,除用语言之外,人们还习惯于用"点头"和"摇头"来表示自己对某一事物的看法是肯定还是否定。常常习惯于做这样动作的人,虽然很会表现自己,却也很容易引起他人的反感,产生不愉快的情绪,因为这种表示有些时候会被人误以为你是没有真正地用心去听他人的谈话而采用敷衍的方法,因此需要注意。一般而言,常常摇头或是点头的人,他们的自我意识都是很强的。一旦打算要做某一件事情,就会非常积极地投入其中,并尽自己最大的努力把它朝成功的那一方面促进。

一时忘记了某件事情,冥思苦想老半天也没有丝毫的头绪,但在突然的一个瞬间,想起来了,许多人都会拍一下脑袋,叫一声"想起来了"。还有,对于某一个问题陷入困境当中,一时想不到好的解决办法,在突然之间有了灵感,也会做拍脑袋的动作。另外,就是做错了某一件事后,有所醒悟,对此表示十分的后悔,也多会这样做。虽然同样是拍打脑袋,但部位却有不同,有的是拍打后脑勺,有的是拍打前额。拍打后脑勺多是处于思考状态,这种动作的最大目的就是为了放松自己,以想到更好的应对办法,而拍打前额,则多表示事情不管是好还是坏,至少已经有了一个结果。

有些人心里想的、嘴上说的、手上做的常常会很不一致,比如,对于某

职场必备的心理学

一件东西，其实他是非常想得到的，但当他人想给予他时，他却拒绝。口上拒绝着，但手却在底下接受了。此类型的人大多数比较圆滑和世故，且能十分老练而又聪明地处理各种各样的人际关系，使自己与他人保持和睦的关系。他们不到迫不得已时是不会轻易地得罪别人的，即使得罪了，也会想方设法去弥补，使之有挽回的余地。

常常触摸自己头发的人，其个性大多数非常鲜明而又突出，他们是非善恶总是分得相当清楚，且不肯有一点点的马虎和迁就。他们具有一定的胆识和魄力，喜欢标新立异去做一些比较刺激、别人不敢做的冒险的事情。有此习惯的人会不时地取笑和捉弄他人一番。应该承认他们当中有一些人的文化素质和修养并不是特别高，但并不是绝对和全部的人都这样。

一般而言，他们有比较良好和稳定的人际关系，为人处世比较慷慨和大方，不会太斤斤计较，因此，很容易赢得人心。这种人多比较有心，能够通过生活中的某一个细节来寻找和制造机会以发展和完善自己。

习惯用腿或脚尖使整个腿部颤动，有时还用脚尖或者以脚掌拍打地面，这样的人多很懂得自我欣赏，有一些自恋情结。但他们比较封闭和保守，在与人交往中会有所保留，并且不太容易与他人建立良好的关系。

在与人交谈时，几乎总是伴随着一些手势或动作，以对所说的话起解释、强调和说明、补充的作用，如摊开两手、拍打手心等等。

一般来讲，有此习惯的人，自信心都很强，具有果断的决策力，凡事说做就做，有一股雷厉风行的洒脱劲儿，很有气势。他们大部分属于外向型的人，在什么时候都极力想把自己打造成为一个核心的人物。

在抽烟的时候喜欢吐烟圈的人，一个比较突出的特点就是占有和支配欲比较强，凡事喜欢我行我素，不愿被管制。大多数性格比较外向，乐于与人交往，并且够仗义和慷慨，凡事不太计较，只要能说得过去就可以了。因此，这样的人多容易得人心，在他周围总是团结着一些人，其性格在整体上大致如此。另外，还有可能通过他吐烟圈的形状看出其对某一事物状况的态度是积极的还是消极的。假如烟圈是朝上吐的，说明他的态度是积极的，充满了自信；反之，是表示态度比较消极，没有多大的自信。

在很多时候，习惯摊开双手的动作意在表示很为难、很无奈，它似乎在告诉别人"我也无能为力，没有好的办法，你让我如何是好啊"的意思，同时可能还伴有耸肩的姿势，这从某一个侧面说明了这是一个比较真诚、坦率的人，当自己无能为力时，可以直言相告，而不是虚伪地去努力掩饰。

在与别人交谈交往的过程中自然地解开外衣的纽扣，或者干脆把外衣脱掉，此动作表示这个人在很多时候是相当真诚和友善的，说明他对交谈、交往的对象并没有持太多虚伪的礼节，因为在一定的场合，这样的动作极有可能会被误认为是对对方不尊重、不礼貌的行为，而他没有过多地注重这些，显然是并没有把对方当作是外人。至于那些一会儿把纽扣扣上，一会儿又解开的人，给人的感觉似乎就不太舒服。而这样的人又大多意志较不坚定，做事犹犹豫豫，迟疑不决，缺少果断的作风。

双手叉腰大多数是在十分气愤时所表现出来的一种动作，这种人的性格中多含有比较执著的一面，凡事追求完整和清楚，而不会在没有完全解决或弄清楚的时候就半途放弃。有时也可以是自己作为一个旁观者，观察某一件事或某一个人，含有一定要看个结果的心理。当一个人用手摸后颈时，多是出现了悔恨、懊恼或是害羞的心理情绪，这种人性格多是比较内向的，遇到某些事情时，常会以一些动作来掩饰自己的情绪。

心理学感言

在我们的日常生活当中，会自然而然地产生并形成一些具有某种特定意义的小动作。因为这是在不知不觉中形成的，具有很强的稳定性，因此，很难在轻易之中一下子就能改正过来。改正不过来，就随身携带，这就为我们通过这些小动作去认识、了解、观察一个人提供了必要的方便。

02 琐事可知其本质

生活琐事才更能代表一个人的处事风格与素质。因此才有人说："路

职场必备的心理学

遥知马力,日久见人心。"

喜欢打电话的人大多是性格比较外向、健谈、乐于与人交往的。他们做事比较干脆利落,不会占用做其他事情的时间和精力来做这一件事情。这一类型的人,往往智慧不足,他们时常需要他人帮自己出出主意。在面对一些比较重大的事情时,非常希望得到他人的鼓励和支持,如此,才有勇气做出决定。

喜欢打扫房间的人希望自己的生活每一天都过得充实、有意义。他们对自己的要求往往非常严格,绝对不容许自己放纵或偷懒,他们的生活节奏相当快,一件事紧接着一件,似乎永远也没有做完的时候,但他们又能把这一切安排得恰到好处,而不至于显得混乱不堪。

喜爱阅读的人多比较认真和仔细,一件事情,决定要做,就会集中精力、专心致志地把它做好。他们很有组织纪律观念,对一些纪律要求,会主动认真地遵守。他们随机应变能力比较强,一件事情,可能在做的过程中会出现一些不尽如人意的地方,但最后还是会顺利地完成。

喜欢吃零食的人多意志不坚定,时常自我妥协,并且不断地找理由和借口安慰自己。

喜欢睡觉的人从某种程度上讲比较软弱,缺乏积极主动性,不想通过先改变自己然后再改变自己所处的境况,而是把希望寄托在外界,只有在外界环境改变以后,自己才能寻求改变。他们非常善于寻找理由和借口为自己开脱,以推卸责任。

喜欢看电视的人多是比较不切合实际、富于幻想的人,他们的绝大多数时间都是在白日梦中度过的,总是有着各种各样的美好的想象,但却不肯付诸行动去实现。

什么事都要做、整天忙得团团转的人,他们的心思多较缜密,常会观察到他人忽略的细节。他们对别人并不会轻易相信,什么事情,只有自己亲自做了,才会觉得放心,所以他们会成为许多人依赖的对象。他们有很强的责任心,总是为他人操心而忽略了自己。

心理学感言

生活中总是存在着这样那样种类繁多的杂事,它们有时候会给人带来许多的烦恼,甚至破坏人与人之间的感情,但这是生活中不可避免的。当然,我们还可以通过这些琐事看准一个人。

03 通过开车习惯了解人

观察一个开车的人是何种性格,也不是一件难事。每个人开车的姿势和方法都会有所区别,所开的车的颜色也会各不相同。仔细观察,让你在车里就看透他!

按规定速度开车的人。车对他们而言只是一种代步的工具,他们开车的目的并不是为了寻找某种刺激,所以他们能够心态平和地以正常的速度开车。这一类型的人比较传统和保守,他们在为人处世中大多采取中庸的态度,即使有很大的胜算,也不会冒险。他们遵纪守法,从来不做出格的事。他们为人诚实可信,不马马虎虎,所以会与他人建立良好的人际关系。

行车速度比规定速度慢。这种人坐在方向盘后面会觉得害怕,觉得自己无法操纵一切。他们总是避免把东西放在自己手里,只要有人授权给他们,他们立刻把权限缩至最小。他们嫉妒别人不断超越自己,而胆小怕事的个性也令自己的家人、朋友失望。

在通常情况下,这一类型的人的嫉妒心也是很强烈的,他们嫉妒或是嫉恨那些超越自己的人。他们想奋起直追,可又常常跨越不出自我的樊篱。同时,他们对自己缺乏足够的自信,总是觉得什么也把握不住。他们在渴望的同时又在极力避免任何东西放在自己的手里,一旦有某些东西、诸如权力和金钱等掌握在自己手里,他们就会将其威力减弱到最低程度。

超速行驶的人。这种人不会受制于任何人,很积极向上,而且憎恨权势。这种人多自主意识比较强,他们讨厌任何一个人为自己立下一定的

职场必备的心理学

规矩，并且也不允许有人这样做，如果有人企图要做的话，他们可能就会采取相当极端甚至是非常危险的方式来进行阻止以维护自己。他们对生活的态度是积极、乐观和向上的。他们对名利看得相当淡泊，只是随心所欲，自己活得快乐就好。

习惯坐后座的人。由他人驾车，自己习惯于坐在后座上的人，一般来讲，他们的取胜欲望是相当强烈的，从来不愿意自己输给他人。他人的成就对他们来说是一种威胁，他们害怕自己会失败，所以会严格要求自己成功。正是在这种激励之下，他们才会不断地前进。他们的自信心很强，而且有良好的自我感觉，并不断地寻找机会以证明自己的重要。他们希望他人对自己有强烈的依赖性，凡事都来征求一下自己的意见。

开车大声按喇叭的人。遇到红灯或是堵车等情况，大声地按喇叭，这一类型的人，大多是外向型的，脾气暴躁、易怒，在现实生活中，遇到不如意的事情，他们会经常尖叫、大喊、发脾气。他们随机应变的能力并不很强，尤其是在挫折和困难面前，往往不知所措。他们自信心不强，周围人对他们而言常常是巨大的威胁。他们很少有心平气和的时候，总是显得焦虑和不安，而这种情绪的产生可能并没有什么原因或是理由。他们做事效率低，自身的能力也不突出，看不到他有什么样的成就，但却总是显得匆匆忙忙的。

开车不换挡的人。他们大多不希望自己的一切被他人安排，他们更热衷于自己独立去探索一条完全属于自己的道路来走，哪怕在这条路上到处都有坎坷不平，他们也毫不在乎。他们不会轻易地向别人请教，而是喜欢凭自己的感觉做事，与此相反，他们会时常给别人一些指教。他们具有一定的责任心，对任何一件事情都能够尽职尽责。

只要绿灯一亮，就抢先往前冲。这一类型的人，多头脑比较灵活，反应比较敏捷，随机应变的能力强。他们习惯于凡事抢先一步行动，这从某种程度上讲为成功创造了许多机会。他们对成功渴望往往要比其他人更强烈一些，他们有较强的竞争意识，生活态度也比较积极，但由于经验的不足，也会时常跌倒。

绿灯亮后最后发动车。最后一个发动车子的人，在他们的性格中，冷静、沉稳的成分比较多。他们在为人处世等方面都是比较小心和谨慎的，总是要等到具有一定的把握以后才会行动。他们追求的最终目的是安全有保障，给自己带来的损失越小越好，他们为了保护自己，很懂得收敛，从来不会表现得锋芒毕露，这样可以避免被人拒绝或是被人伤害。

不学开车的人和从来不开车的人多自主意识不强烈，他们的依赖性比较强，缺乏足够的安全感，时常会陷入到一种孤独、无助的境况里。他们多有较强的自卑感，时常进行自我否定，习惯于被人领导，而不是领导他人。他们缺乏积极的冒险精神，乐于跟在他人后边做事，这样可以逃避许多责任，出了差错，自己也不会有太大的损失。基于这一点，他们不会取得巨大的成就。他们很在乎他人对自己的评价，这几乎完全控制着他们的一举一动、一言一行。

开车没有驾照的人。开车但没有驾照的人在很多时候喜欢对他人指手画脚，但又总不能完整地表达自己的意图，最后做出来的结果，与想象的存在着很大的差距。他们希望自己的生活时刻充满足够的刺激，他们会不断地创造这样的机会。这一类型的人并不能称得上是十足的行动主义者，常常说得天花乱坠，但自我表现却充满了消极的色彩。他们是想赢但却怕输的性格。

165

心理学感言

一个人控制汽车的方式和控制自己的方式有许多相似之处。如果把车子视为一个人肢体的延伸,那么开车的方式,也就是肢体语言的机械化身。一个人在方向盘后的举动,体现出了他每天的心情与态度。

六、观其穿着,由表及里

看一个人的外表是无法识别其本质的,但凭一个人的衣着打扮可以判断一个人的生活实际状况。衣着是思想的形象,这和有钱没钱无关。有的人衣着破烂,甚至丑陋,但其中却渗透着一种奇才的气质;有的人堂堂仪表,却是"金玉其外、败絮其中"的草包……所以,必须从衣着打扮看人识人,这样,很容易迅速掌握他人的性格与爱好。

01 由穿衣风格判别其为人

郭沫若曾经说:"衣服是文化的表征,衣服是思想的形象。"人的穿着风格,不仅衬托了一个人的容貌、气质与风度,更反映了一个人的素质与修养。

1. 喜欢朴实服装的人:坚韧、有计划,但运数不佳。

政府官员和银行职员等,大概是由于职业的关系,大多喜欢穿朴实的衣服。这类人从表面现象上也是朴实的。这类人大部分属于体制顺应型。在朴素当中,也有一些豪华的特征。而且,他们在自己的容姿上也有相当的自卑感。相反,喜欢豪华服饰的人,是自我显示欲和金钱欲望都强烈的人,同时也具有歇斯底里的性格。

这种类型的人,利用自己的特性发展适合自己的职业一般毫无问题。有些虽不是体制顺应型的人,但为生活不得已勉强穿朴素服装。

很多公司注重制服,这完全把人的个性压制住了。不让个人穿自己所喜欢的服装,这种行为是绝对不可取的。在欧美人的眼中,把一些亚洲公司这种形态视为工蜂或经济动物。

平时喜欢朴实服装的人,但在某个豪华的场合上,你却看到他盛装而入,这种人就要引起人们的警觉。这类人可能十分单纯,也可能颇有心计。他对金钱的欲望非常强烈,对别人的批评也非常在意,很难接受别人对他的意见。

穿着朴素衣服的人向来非常小心,任何事情都有计划性,并且以注意诚实不欺者为多。另一方面,这种人外表看起来诚实,其实对酒色特别着迷,以致家运不好。应付这种类型的人,不要显示攻击心。

其次,这种类型的人人情味非常浅薄,是重视现实的人。

2. 喜欢粗糙风格的人:特立独行型,用人不得法。

粗糙风格就是不习惯打领带的人,认为"领带好像是会束缚脖子,我不喜欢"。这类型态者大概喜欢粗糙风格,这种人像"一只狼"喜欢独来独往。

在穿着上喜欢不修边幅的人,大都是活力四射的精力旺盛之人。

这类人不喜欢久居人下,喜欢领导他人做事,其用人的手法一般不是很高明。这种人不适合从事薪水阶层的工作,大多数人都是脱离薪水阶层,单独到社会中去做生意或自由闯荡。

职场必备的心理学

因由某种职业特点的限制,许多人被迫打起了领带,假如一位主管有意无意对下属提起对打领带的看法,如果他回答是不喜欢打领带,那么就可能说明他对现在的处境不满意,有另起炉灶的意图。

3.喜欢蓝色、蓝紫色服装的人:待人虽温和,但自尊心强。

喜欢穿此种颜色服装的人,其性格是缺乏决断力、执行力。这类人说话比较啰嗦,由于这类人不善于表露自己的情感,是自尊心非常强烈的人。

与这种人相处时,如果你缺乏观察的眼光的话,会感觉这种类型是"很好的人嘛"!其实这种人缺乏人情味。

4.喜欢穿白衬衫的人:缺乏爱情,清廉洁白,是个现实主义者。

其性格特征是缺乏主动性、判断力和羞耻之心。他们在色彩感觉上、在扮装上都非常优秀;相反的,不论对什么服装,只要穿上白衬衫都能相得益彰。白色确实与任何颜色的服装都能搭配吻合,关于这一点没有什么异议。同时,白色是表示清洁的颜色。

白色有与任何颜色都能搭配的优点,当然也能给人一种亲切感,但这种形态的人"穿什么都可以",就是说对服装不受拘束,在性格方面是属于爽直派的。当你看到他们的第一印象都是缺乏感动性,尤其在感情方面和爱情方面。有这种感觉倒是不可思议。

这类人容易自以为是。对于自己喜欢从事的工作,他们会一意孤行地追求和实现;但在生意场上,往往是个躁动分子,极有可能与他人起冲突,随时有动干戈的事发生。在交际场合,遇到这类穿着的人要有戒备之心。他们总会为自己的失误找出各种借口,没有什么话题可言,除重要的事交涉后,关于酒色话题一般不参与言论。有喜好穿白衬衫习惯的人,总是以工作为人生的支点,是不折不扣的现实主义者,对工作有一贯认真的态度。在茫茫众生中,总有一些脚步匆匆、马不停蹄的人,他们享有较高的社会地位,为了维持自己的"白领"形象,他们无时不在为工作做出努力,他们是上司眼里的精英、下属心中的怪物。

5.喜欢穿黑色服装的人:爱憎分明,但个性非常温厚。

有的人说,穿黑色服装会使人精神紧张,也有人说,黑色服装是仅仅能在结婚、丧葬及祭祀的仪式中穿着的服装。

此种类型的人的性格特征是:对别人的态度不温柔,很难接近。

但假如了解了他们的心理之后,你会发现他们是非常有趣的人。这类人大多都有点罗曼蒂克的气质,这类人性格通常多是温柔善良,为人忠厚,且具宽容的气度。在商场上遇到这类人时,你必须对其持诚实的态度。他让你办的事儿,能够办到的话,你一定要立刻付之行动,让他从实际中了解你,然后成为他的朋友和合作者。

对人依赖心非常强,是喜欢穿黑色服装人的短处。这种类型的人在性格上不喜欢半途而废,任何事情都要彻底弄明白,看起来好像是个乐观的人,实际上是为了隐蔽某一点,因此,花费很多心思来表现其大方之处。这种人实质上有纤细神经的一面,经常处于着急状态。

6. 喜欢穿背后或两旁开衩上衣的人:具有领导气派,且自我显示欲非常强。

上衣背后或两旁开衩的衣服并非为了肥胖的摔跤选手穿着所设计的。同时,肥胖型者也有喜欢穿背后开衩的倾向。

或许我们会经常碰见西装笔挺的绅士,英国制的西装,带花纹的领带,小羊皮或羔羊皮鞋、珍珠袖扣、瑞士制的手表,镜框是高级的舶来品,连打火机也是名牌商品。像这样的人,在你所见者之中一定是不乏其人。

这类人一般会给人以商界大亨或来头不小的感觉,并且这类人一般极具伪装性,他们大多以侠义中人自居,借以表示领导者的风范,但这种人常常让人失望,他们并不真是具有侠义之气的人。这类人的金钱观念比较淡薄,对长期的交易没有多大兴趣,往往特别注重短期的交易,具有追求一夜暴富的倾向。

这类人士会对人做过多的许诺。此时,你应以委婉推辞为上策。其实这种人的性格是神经质,疑心重、嫉妒心强、独占欲旺盛,喜欢装饰外表并且好玩的典型。然而,观其面貌又是一副诚实的模样。

7. 喜欢穿粗直条整套西装的人:对自己没有信心,喜欢摆空城计。

在一般薪水阶层人士的穿着习惯中,很少看到穿蓝色粗直条西装的人。大多数是自由职业者,为了掩饰职位上引起的感觉不安,才喜欢穿这种整套的西装来隐藏内心的动向。

这种人的特征是流行时尚的发烧友。由于对自己没有信心,又恐怕被别人发现,或者因为情绪上的孤独不安时,才会穿上粗直条整套西装。

职场必备的心理学

与这种类型的人接触时,绝对不能攻击他们的缺点。如果对言谈之间的内容不假思索的话,会受到对方的攻击,因此,需多加注意。例如,对方不幸的事情,一定要绝口不提。这种类型的人性格有点类似女性。实质上这种人头脑非常单纯,所以,你应当避免去激怒对方。

8. 喜欢舶来品的人:有自卑感,但善于奉承人。

对于喜欢这类穿着习惯的人,绝不能轻易从外表上判断其为人。

有的人在任何场合都喜欢从上到下都是舶来品的装扮。这类人和他人打交道时,一点人情味都没有,简言之,这类人大多冷酷无情,即使外表看起来非常密切的人。

这种人对生意上的事情非常敏感。当自己处于不利地位时,会立刻寻找外援,而一旦失手,则会诿过于人,对于这类人,要有警惕性。

假使你的朋友中有喜欢舶来品者,最好不要去揭穿他们的自卑感。

9. 穿着马虎的人:缺乏机密性、计划性,但有执行力。

在穿着方面非常马虎的人,是可以从如下方面进行判断的。有的人上装着英国的名牌西装,脚蹬一双意大利飞龙皮鞋,而却系着一条非常粗俗领带的人,这种穿着不得要领、疏于考究的人,就是穿着习惯上非常马虎之人。他们的特性就是与众不同。

这类人通常富有行动力,对工作抱有热忱之心。

假如在同事或晚辈之中有这种类型的人,对你而言,并不是件好事,这类人虽然富有行动力,但得意之时,他会高居在上,失势之时,他又畏缩不前,是一类非常麻烦的人。

这类人,一旦下决心从事某项工作,就会一贯如注,有始有终。

如果你和这类人相处,一定要掌握分寸,有距离的尊敬,因为他听到异己之言便会恼羞成怒,对于这类人,不宜采取责备的口吻或刺激性语言,让他对你造成不必要的妨碍。

与这类人有生意上往来的时候,你的胜算相当低。如果你必须与这类人打交道,你就要学会用自己的头脑和一定的手段,尽量别招惹他生气,这类人比较注重连带关系和相同意识。

心理学感言

穿衣风格是人内在美的一种外在表现形式，它是一种不出声的物体语言，它可以传递人的心态、性格、爱好及身份等多方面的信息。仔细观察人的穿衣风格，就能识别他的性格与为人。

02　通过衣饰颜色观其内心

有调查发现，一个人所偏好的颜色常常代表其性格和感情的色彩。所以，心理学家彼得·罗福博士认为，从一个人对服装颜色和服饰的偏好上，往往可以推测其心理，这一点在女士身上更为明显。

一般情况下，人们选择服装色彩时，都会把自己的性格特点渗透进去。每个人服装的色彩，总是和自己当时的心理活动状态有着一定的联系。所以，从个人服装的颜色喜好判断他的性格特征具有十分科学的意义。

喜欢穿黑色服装的人。黑色会给人带来严肃的感觉。通常喜欢红白明显色彩的人同时也是黑色服装的喜好者。

喜欢红色服装的人。冲动、精神、坚强，是喜欢红色服装的人的一般表现，红色是在增强声势时所选择的。

喜欢桃红色服装的人。人们在追求漂亮时，一般喜欢选择桃红色服装，这种人的特征是举止优雅。

喜欢紫色服装的人。那些喜欢保持神秘、自我满足的艺术家气质的人，他们会别出心裁地选择紫色。

喜欢绿色服装的人。这种人一般喜欢自由，有宽大的胸怀，绿色是其在抱有希望、没有偏见的心理状态下选择的服装色。

喜欢橙色服装的人。穿橙色服装的人开朗、口才好，并喜欢幽默，而且当他一个人在无法独居时，对人生意欲强烈的时候也会穿戴此颜色的衣服。

喜欢橄榄色服装的人。人们的心理状态一般是处于被抑制或歇斯底

171

里的状态时,他们会选择橄榄色的服装。

　　喜欢黄色服装的人。为了给别人留下智慧、纯粹、高洁心灵的印象,经常会选择黄颜色的服装。

　　喜欢青绿色服装的人。人们在感觉细腻的心理状态下,一般会选择这种服装。

　　喜欢灰色服装的人。当人们在没有勇气面对困难的心理状态下,他们一般没有主动性,因此会选择灰色服装。

心理学感言

　　人们在日常生活中非常注重自己的服装。服装,就是一个人的修养、职业的表现,同时也是个性与心理的表现。通过人们服装的颜色、款式等,就可以推测穿不同服装的人的个性与心理。

03　通过鞋子样式看人心理

　　鞋子可以向人透露出你的性格、经济状况、社会地位、职业及年龄。从鞋子的选择上,可以反映出一个人的个性及心情,每种款式都有它的精神所在,有的性感,有的踏实,有的理智……鞋子在无言中替我们跟人进行沟通,传递关于我们的丝丝信息。像一个女人通过选择口红的颜色来反映她的情绪,鞋子的选择也是我们内心情绪的表现。

男性穿皮鞋注重的是鞋料的舒适和质感,至于样式、颜色的条件有限,当然也就不会太讲究。然而,对女性来说恰恰相反,女性穿皮鞋时,就像选购耳环、手镯等饰物一样,首先考虑的是颜色、风格和款式等要素,一旦看中了颜色、风格和款式,至于舒适性、实用性以及鞋质,就已来不及权衡了,当即就会买下。因此,从穿不同样式的鞋子,就能看出一个人的性格。

自己最喜爱的一款鞋一直穿到报废,如果换鞋,那是这双鞋子坏了后的事情。这种人是相当独立的,他们非常清楚什么是自己喜欢的,什么是自己不喜欢的,他们对自己的感觉很重视,不会过多的在意别人对自己的看法。做事方面他们一般比较小心和谨慎,在经过仔细认真地考虑以后,他们要么不做,要不就全身心地投入,把它做得很好。他们对自己的亲人、朋友、爱人的感情都是相当忠诚的,没什么东西可以让他们做出背叛的事情来。

喜欢穿时髦鞋子的人有一种观念:那就是只要是流行的,就全是好的,从不考虑自身的条件是否与流行相符合。这种人做事时常缺少周全的考虑,所以会顾此失彼。他们对新鲜事物的接受能力比较强,表现欲望和虚荣心也强。

喜欢穿带装饰物鞋的人大多是女性,这是一种把自己看得比较重,且属于自我满足型的女性。她们特别喜欢打扮,而且有时打扮得往往过度,虽然她自己觉得这根本不算什么,可给周围人的感觉总不顺眼。这类人在与人打交道时较少顾及别人的存在,至于有没有男人去追求她,他人愿不愿与她交往,多半不放在心上,这种人长期生活在自己的世界里,身边知己的朋友也不多。

喜欢穿拖鞋的人属于轻松随意的人,他们可以被视为自由者的最佳代表。这种人对自己的感觉和感受非常注重,他们属于性情中人,一般不会随着别人的建议而改变自己。他们可以在自我调节中充分地享受生活。

喜欢穿没有鞋带的鞋子的人并没有多少特别之处,穿着打扮和思想意识与普通人相去不远。只不过他们比较传统和保守,追求整洁,不喜欢表露自己。

喜欢穿运动鞋的人。一个人如果喜欢穿运动鞋,那他一定是对生活持有积极乐观的态度,在为人上表现出亲切和自然之感,他们没有特别的生活规律,一般容易与人相处。

喜欢穿远足靴的人。对远足靴情有独钟的人会把自己充足的时间和精力投入到工作中,而且他们有较强的危机感,并且随时应对各种各样的突发事件。他们勇于冒险,具有开拓精神,经常向自己不熟悉的领域挺进,并且对自己报有"绝对能成功"的自信。

喜欢穿露出脚趾的鞋子的人属于性格外向型。他们的思想意识比较先进和前卫,浑身上下充满了朝气。这种人在与人交往的过程中,一般能表现出拿得起放得下的洒脱形象。

喜欢穿靴子的人。一个爱穿靴子的人没有足够的自信心。靴子,在一定程度上能为人们带来一些自信,而且也为他们增加安全意识。爱穿这种鞋子的人在适当的场合和时机,懂得如何来掩蔽和保护自己。

心理学感言

鞋子并不是像我们所想象的那样单纯地起到保护脚的作用,这仅是其拥有的一方面。通过观察他人的鞋子,人们不仅可以注意到其美观大方,同时也可以看出一些他的个人性格。

七、细观办事风格,看透真实心理

办事的能力不是天生就具备的,需要通过学习获得一定的技巧和方法,更需要具备读懂人心理的能力。办事的技巧是在无数的成功和失败中总结出来的;办事的智慧是在人际交往中积累得来的;而读懂人心理的智慧,则是在为人处世中用心感悟出来的。

01　看懂心理，办事容易

在办事过程中，若想成功地寻求别人的帮助，你要做的第一件事就是看穿别人的心。只有这样，才能分清哪些人可以提供哪些帮助，进而决定采用什么样的办法去寻求帮助。否则，你将碰一个大钉子，撞了都不知道撞在什么上了。

下面介绍几种在初次见面怎样看穿他人心灵的方法。

1. 从他打招呼的方式看他的内心

即使是一个看似简单的打招呼也能给你提供了解对方内心的机会，你可以看看，以下列举的外在表现与所分析的内心世界是否一致。当然这种分析也会有一些例外，但总体上应该是准确的。

一面注视对方，一面行礼的人，对对方怀有警戒之心，同时也怀有想占尽优势的欲望。

凡是不敢抬头仰视对方的人，大部分都是内心怀有自卑感的。

使劲儿与对方握手的人，具有主动的性格和信心。

握手的时候，无力地握住对方的手，表示有气无力，是性格脆弱的人。

握手的时候，手掌心冒汗的人，大多数是由于情绪激动，内心失去平衡。

握手的时候，如果目不转睛地注视着对方，其目的要使对方在心理上屈居下风。

2. 从他的举动看他的潜台词

人的一举一动，特别是下意识的形体动作，也能向你泄密。

交臂的姿势表示保护自己的意思，同样的，这种动作也能表示可以随时反击的意思。

举手敲敲自己的脑袋，或用手摸着头顶，即表示正在思考的意思。

摸头的手震动得很厉害，即表示全心全力在思考。

用双手支撑着下颌，大多数的情况都表示正在茫然地思考中。

用拳头击手掌，或者把手指折曲得喀喀作响，就表示要威吓对方，而不是在进行思考活动。

3. 从他的眼睛窥视他的心灵

初次见面的时候,首先将视线朝左右瞄射者,表示他已经占据优势。

有些人一旦被别人注视的时候会忽然将视线躲开。这些人大体上都有自卑感,或有相形见绌的感受。

抬起眼皮仰视对方的人,无疑是怀有尊敬或信赖对方的意思。

将视线落下来看着对方,乃表示他有意对对方保持自己的威严。

无法将视线集中于对方身上,很快地收回自己视线的人,大多属于内向性格者。

视线朝左右活动得很厉害,这表示他还在进行频繁的思考活动。

4. 从他的癖习看他的特性

搔弄头发的癖习,是一种神经质。凡是涉及有关自己的事情时,他们马上会显得特别敏感。

一面说话一面拉着头发的女性大体上是很任性的女人。

说话时常常用手掩住自己嘴巴的女人,是有意要吸引对方。

拿手托腮成癖的人,即表示要掩盖自己的弱点。

不断摇晃身体,乃是焦灼的表现,这是为了解除紧张而表现出来的动作。

双足不断交叉后分开,这种癖习表示不稳定。

虽然不是初次见面,但始终都用老套的话向人们打招呼或问候。这种人具有自我防卫的心理。

心理学感言

看穿被求人的心,尤其是看穿初次相识的陌生人的心,说难也不难,再高明的人也会在不知不觉中把自己的内心世界暴露出来,只不过是暴露的程度、方式有所不同罢了。所以,你应当学会利用自己的眼睛和大脑,通过观察、分析形形色色的表象,抓住问题的实质所在。

02　多见面以增加好感度

20世纪60年代,心理学家查瑞茨做过试验:先向被试者出示一些照片,有的出现了20多次,有的出现了10多次,有的只出现一两次,然后请被试者评价对照片的喜爱程度。结果发现:被试者更喜欢那些看过几次的照片,即看的次数增加了喜欢的程度。

事实果真如此吗?另一位社会心理学家也证实了上述观点。

在一所大学的男生宿舍楼里,心理学家随机找了几个寝室,发给他们不同口味的饮料,然后要求这几个寝室的男生,以品尝饮料为理由,在这些寝室间互相走动,但见面时不得交谈。一段时间后,心理学家评估他们之间的熟悉和喜欢的程度,结果发现:见面的次数越多,互相喜欢的程度越大;见面的次数越少或根本没有,相互喜欢的程度也越低。

这种对越熟悉的东西就越喜欢的现象,在心理学上称之为"多看效应"。

在人际交往的过程中,你如果细心观察就会发现,那些人缘好的人,往往将"多看效应"发挥得淋漓尽致。他们善于制造双方接触的机会,以提高彼此间的熟悉度,然后互相产生更强的吸引力。

可能你还会有所疑惑,难道人与人之间的交往真的就这么简单吗?

试想,如果你有两位关系一样近的亲属,A与你住在同一个城市,你们经常见面,每次都要相聚大半天;而B在另一个城市居住,你们每年才能聚一次,并且每次在一起的时间是一个星期左右。几年过去了,你更喜欢谁,与谁更亲密?

一般来说,你会更喜欢那位经常见面的A,你们的关系也会变得更加亲密。

为什么会出现这种情况呢?这就是"多看效应"在起作用。见面次数多,即使每次相聚的时间不长,也能增加彼此的熟悉感、好感和亲密感。反之,见面次数少,哪怕在一起的时间很长,也难以消除因间隔的时间太长而有的生疏感,甚至可能会因为相处的时间太长而产生摩擦。

由此可见,在大多数情况下,见面的时间长,不如见面的次数多。

正是因为懂得了"多看效应"这一原理,推销团体险的推销员莱默获得了良好的业绩。

我们都知道,如果想取得一家公司的团体保险时,必得先说服公司的领导。但是,这些领导通常都忙得没时间坐下来与人闲聊。所以,一般的推销员,只要遇到某领导有一点空闲时间便抓住不放。结果,虽然是长谈了,却引起了对方的反感,结果推销失败了。

而莱默则不同,他不求与客户一次见面时间长,只求见面次数多。只要见到对方很忙碌,莱默便迅速地离去,对方心存感激,对他产生了好感。如此三番五次后,对方就被感动了,答应投保。

莱默的故事很具有启发性:如果想缩短与对方的距离,增加对方喜欢自己的程度,不妨多制造见面机会。

如果你想与某人建立良好的关系,这种方法也适用。要知道,为了给对方留下好印象,你一个人滔滔不绝地说话,效果反而不好,还可能引起对方的反感。你不妨找机会多与对方见面,每次时间别太长。这样,给对方一个念想,让他回味你的为人,期待下次的见面。

心理学感言

多看效应就是一种对自己越熟悉的东西越喜欢的心理现象。很多时候,见面时间长,不如见面次数多。见面次数多,可提高彼此间的熟悉度,互相产生更强的吸引力。相反,见面次数少,哪怕时间长,也不易消除彼此间的生疏感,甚至可能因为相处的时间太长而产生摩擦。

03 打破常规,出奇制胜

人们总是习惯遵循一定的思维思考,遵循一定的方法行事。同时,也期望别人如此。这个"一定"就是所谓的"常规"。从心理学方面分析,如果对方的言行符合常规或者在自己的意料之中,则能保持一颗平常心;如果对方的言行偏离常规或出乎自己意料,则很容易不安,甚至沮丧。

1972年5月,在国际象棋冠军施波斯基和波比·菲尔雪之间展开了一场世界国际象棋冠军的争霸赛。

施波斯基焦躁地等待菲尔雪,但菲尔雪迟迟没有抵达。

好不容易波比·菲尔雪来了,但他说不喜欢比赛的大厅,灯光太亮,摄影机的声音太嘈杂,椅子坐着也不舒服……

几周之后,菲尔雪终于折腾得差不多了,答应比赛了。但就在双方见面的那天,菲尔雪又迟到了很久;赛前新闻发布会,他又迟到了。大家都以为菲尔雪是因为怯场而不敢露面。不过,在比赛开始的前一分钟,他出现了。

在第一局中,菲尔雪早早就下了一步烂棋,或许是他象棋生涯中最糟糕的一步,他似乎打算弃子投降。施波斯基知道菲尔雪从不弃子投降,但是,这次菲尔雪真的投降了。在输掉第一局之后,菲尔雪更加大声地抱怨房间、摄影机以及一切的一切。

第二局比赛,菲尔雪又没有准时出现。主办单位只好取消了他第二局的出赛权。很明显,菲尔雪已经心神大乱了。

第三局,菲尔雪看起来信心十足。在关键时刻他又下了一招错棋,但是他自信的神情让施波斯基很困惑。在施波斯基还没有弄明白状况之前,菲尔雪已经利索地战胜了他。

后面几盘棋,施波斯基开始屡屡犯错。输掉第六局棋后,他开始悄声哭泣。第八盘棋下完后,施波斯基终于明白了这是怎么一回事,但是已经晚了。

到第十四局时,施波斯基怀疑比赛时自己喝的橘子汁被下了药,让他不能集中注意力。他还公开控诉菲尔雪的团队在椅子上动了手脚,扰乱了他的心智。

可是,即便有关人员反复检测,也找不出任何不对劲的地方。

接下来,施波斯基开始抱怨并产生了幻觉,他没有办法再继续下去,最后只好无可奈何地放弃了比赛。

菲尔雪战胜施波斯基的策略是什么?是打破定性思维。

职场必备的心理学

从某种意义上讲,菲尔雪不是在下棋,而是在揣摩别人的心理。在此之前,他与施波斯基已经较量过多次,知道自己不是施波斯基的对手,因此他改变策略,采用心理战术:打破定性思维,改变了自己的旧有模式。于是,比赛前,菲尔雪一次次地迟到;比赛时,菲尔雪故意走错棋、弃子投降、放弃第二局的出赛权……

对施波斯基而言,菲尔雪的这些行为很出乎他的预料,他猜不透自己的对手,于是他疑惑、恼怒,最后发挥失常。

因为这一心理,不按常规办事往往能让人出奇制胜。尤其是在运用常规思维解决不了问题的时候,它常能让人茅塞顿开,反败为胜。

一家菲律宾某公司的三位代表和日本的一家公司谈判。会谈从早上八点开始,持续了两个半小时。日方代表很强势,他们试图以准备充分的资料先声夺人。他们一会儿用图表解说,一会儿又用电脑计算,荧屏显示各式的资料来回答菲律宾提出的报价。而在整个过程中,菲律宾代表只是静静地坐在一边,一字不语。

终于,日方负责人关掉了机器,重新扭亮了灯光,自信地问菲律宾代表:

"阁下意下如何?"

一位菲律宾代表面带微笑,彬彬有礼地说:"我们看不懂这些资料和数据。"

日方代表的脸色忽地变得惨白。

"你说的看不懂是什么意思? 到底有什么地方不懂呢?"

另一位菲律宾代表非常斯文地说:"全部都不懂。"

日方的代表气得几乎暴跳如雷,问:"从哪个地方开始不懂的?""当你将会议室的灯关闭之后开始的。"第三位菲律宾代表以同样的语调慢慢答道。听了这句话,日方代表好像斗败的公鸡,松开领带,斜靠在墙角,喘着气缓缓问道:"你们希望怎么做?"

菲律宾代表异口同声地回答道:"请您再重复说一遍!"

"再重复一遍? 那怎么可能?"日方代表心里想着,已完全丧失了信心。

的确,有谁能够将混乱而又持续长达两个小时的资料,重新来说一遍呢？最终，日方放弃说服对方，不再重复，而是依照菲律宾提出的条件成交。

想想看，不按常规办事的关键在哪？

在于不让对方揣测到你的心思，做出一系列看起来缺乏连贯性或目的性的行为。

当然，在日常生活中，不按常规办事很可能是一着险棋，但它的确很有效，尤其是你在按照常理行事之后，仍无计可施、无路可走时，更应该大胆地运用超常规思维，让你的行动超乎寻常。

心理学感言

人总是习惯遵循一定的思维思考，遵循一定的方法行事。同时，也期望别人如此。这个"一定"就是所谓的"定性"，也就是我们常说的"常规"。从心理学方面分析，如果对方的言行符合常规，则能保持一颗平常心；否则，会感到不安，甚至沮丧。因为这一心理，不按常规办事往往能让人出奇制胜。

八、看其做人态度，把握交往尺度

做人的态度，既不是天生的，也不是不可改变的。它是一个人的道德与诚信的总和，是修身养性的结果。人们对做人态度好的人总有这样一个印象：他们在任何场合中，都会显示出与众不同的人格魅力，具有强烈的责任意识和行为约束力，因此，做人态度也是识别一个人的重要特征之一。

职场必备的心理学

01 识人先识品德

  日本一位商店经理林江健雄曾经说："有些人生来就有与人交往的天性,他们无论对人对己,处世待人,举手投足与言谈行为都很自然得体,毫不费力便能获得他人的注意和喜爱。可有些人便没有这种天赋,他们必须加以努力,才能获得他人的注意和喜爱。但不论是天生的还是努力的,他们的结果无非是博得他人的善意,而那获得善意的种种途径和方法,便是人格的发展。"

  法国银行家莱菲斯特没有发家时,因为没找到工作,只好赋闲在家。有一天,他鼓起勇气到一家大银行找董事长求职,可是一见面便被董事长拒绝了。

  他的这种经历已经是第52次了。莱菲斯特沮丧地走出银行,不小心被地上的一个大头针扎伤了脚。"谁都跟我作对!"他愤愤地说道。转而他又想,不能再叫它扎伤别人了,就随手把大头针捡了起来。

  没想到,莱菲斯特第二天竟收到了银行录用他的通知单。他在激动之余又有些迷惑:不是已经被拒绝了吗?

  原来,就在他蹲下拾起大头针的瞬间,董事长看在了眼里,董事长根据这件微不足道的小事认为他是个谨慎细致而能为他人着想的人,于是便改变主意雇用了他。

莱菲斯特就从这家银行起步,后来成了法国银行大王。

莱菲斯特的机遇表面上只因拾起一个大头针,看似偶然,但他能在自己落魄之时都保持良好的行为,说明其品德情操十分高尚。

那位从细微处见精神的董事长更是一位识人高手,是他发现了莱菲斯特这匹千里马。莱菲斯特之所以能够成功,很大程度上得益于那位董事长识人的独到之处。

只有具备了健全的人格魅力,才能获得人们的喜爱与合作。由此,凡是世间的智者贤人,经常把人格的特征尽力地表现出来。

心理学感言

任何一个人都有自身的优点和缺点,人的优点与缺点之大小、多少有着很大的差别。有的人有大德有小过因而可谅可用;反之,有的人则是缺大德因而不可信、不可用而必须提防之、压制之。识人就要从品德出发,认知他们优劣之所在。

02 人之秉性体现人性

在职场上,假如能把握好下列 12 种不同性格的人,学会识别并善用他们,你一定会取得事业上的辉煌成功。

1. 宏阔之人

这种人交友广泛,待人热情,出手阔绰大方,处世圆滑周到,能得到各方面朋友的好感和信任。他们善于揣摩人的心思,投其所好,长于与各方面的人打交道,混迹于各种场合而左右逢源。适合于做业务工作和公关,能打通各方面的关节。

但因所交之人鱼龙混杂,又有点讲义气,往往原则性不强,容易受朋友牵连而身不由己地做错事,很难站在公正的立场上论事情的是非曲直,不适宜矫正社会风气。

  2. 凶悍之人

  这种人有勇力,但暴躁,认定"两个拳头就是天下",恃强鲁莽,为人讲义气,敢为朋友两肋插刀,属性情中人。

  他们的优点是为人单纯,没有多少回肠弯曲的心机,敢说敢作敢当,有临危不惧的勇气,对自己衷心折服的人言听计从、忠心耿耿、赤胆忠诚,绝不出卖朋友。

  缺点是对人不对事,服人不服法,任凭性情做事,只要是自己的朋友,于己有恩,不管他犯了什么错误,都盲目地给予帮助。因其鲁莽往往会犯下无心之过。

  3. 强毅之人

  这种人性情硬朗,意志坚定,刚决果断,勇猛顽强,敢于冒险,善于在抗争性的工作中顽强拼搏,阻力越大,个人力量和智慧越能得到淋漓尽致的发挥,属于枭雄豪杰一类的人才。

  缺点是易冒进,骄傲于个人的能力。权欲重,有野心,喜欢争功而不能忍。他们有独当一面的才能,也能灵活机动地完成使命,是难得的将才。但一定要注意把握好他们的思想和情绪变化,这可能是他们有所变化的信号。

  4. 柔顺之人

  这种人性情温和,慈祥善良,亲切和蔼,不摆架子,处世平和稳重,能够照顾到各个方面,待人仁厚忠实,有宽容之德。如柔顺太过,则会逆来顺受,随波逐流,缺乏主见,犹豫观望,不能果决,也不能断大事,常因优柔寡断而痛失良机。

  因与人为善又可能丧失原则,包容袒护不该纵容的人。在许多情况下,连正确的意见也不能坚持,对上司有随意顺从的倾向。如果刚决果断一些,正确的能极力坚持或争取,大事上把握住方向和原则,以仁为主又不失策略机变,则能团结天下人才共成大事。这就是曾国藩所说的"谦卑含容是贵相"。否则,只是幕僚参谋的人选。

  5. 固执之人

  这种人立场坚定,直言敢说,也有智谋,可以信赖,行得端,走得正,为

人非常正统,不论在思想、道德、饮食、衣着上都落后于社会潮流。有保守的倾向,也比较谨慎,该冒险时不敢,过于固执,死抱住自己认为正确的东西,不肯向对方低头,不擅长权变之术。

这种人是绝对的内当家,是敢于死谏的忠直大臣。

6. 朴实之人

这种人胸怀坦荡,性情忠厚淳朴,没有心机,不善机巧,有质朴无私的优点。但为人过于坦白真诚,心中藏不住事,大口没遮拦,有什么说什么,太显山露水,城府不够,甚至可能被大家当傻瓜看,被作为取笑对象。与这种人合作,尽可以放心。

但因缺乏心眼,办事草率,有时又一味蛮干,不听劝阻,该说的说,不该说的也说。虽说坦诚是为人处世的法则,但一如竹筒子倒豆,少了迂回起伏,也未必是好事。如果能多一份沉稳,多一点耐心,正确运用其诚恳与进退谋略,成就也不小。

7. 好动之人

这种人性格开朗外向,作风光明磊落,志向远大,卓立不群,富有开创精神,凡事都想争前头,不甘落在人后,往往从中产生出莫大的勇气和灵感,不轻言失败,成功欲望强烈,永远希望自己走在成功者的前列。

缺点是好大喜功,急于求成,轻率冒进,如果在勇敢磊落的基础上能深思熟虑、冷静应对,则能取得重大成就。又因为妒忌心强,如果不注重自身修养,会因嫉妒而犯错误。如果将嫉妒心深藏不露,得不到宣泄,可能致人格偏失到畸形。

8. 沉静之人

这种人性格文静,办事不声不响,作风细致入微,认真执著,有锲而不舍的钻研精神,因此往往成为某一个领域的专家和能手。

这种人的缺点是过于沉静而显得行动不够敏捷,凡事三思而后行,抓不住生活中擦肩而过的机会。兴趣不够广泛,除兴趣所在之外,不太关心周边的事物。尽管平常不太爱讲话,但看问题又远又深,只因不愿讲出来,有可能被别人忽略。其实仔细听听他们的意见是会有启发的。

9. 辩博之人

这种人勤于独立思考,所知甚博,脑子转得快,主意多,是出谋划策的好手。但因博而不精,专一性不够,很难在某一方面做出惊人的成就。不愿循着前人的路子,因此多有标新立异的见解。口辩才能往往也很好,加上懂得多,交谈演讲时往往旁征博引,让人大开眼界。如能再深钻一些,有望成为百科全书式的人物。为人一般比较豁达,因此也能得到上下之士尊敬。

10. 清正之人

这种人清廉端正,洁身自爱,从本性上讲不愿贪小民之财,富有同情心和正义感,因此,看不惯各种腐败而不愿为官,即使为官也是两袖清风,不阿谀奉承,偏激的人甚至辞官不做,去过心清神静的神仙日子。

由于他们原则性极强,一善一恶界线分明,有可能导致拘谨保守,又因耿直而遭奸人嫉恨陷害,难以在政治上取得卓越成就。有狂傲不羁个性的,反而在文学艺术上会有惊人的成就,在那个天地中可以尽情自由地实现他们的理想和抱负。

11. 拘谨之人

这种人办事精细,小心谨慎很谦虚,但疑心重、顾虑多,往往多谋少成,不敢承担责任,心胸不够宽广。他们驾轻就熟,在力所能及的范围内能很圆满地完成任务。可一旦局面混乱复杂,就可能头昏脑涨而做不出果断、正确的抉择,难以在竞争严酷的环境中生存。

第二次世界大战时,英国著名的蒙哥马利元帅曾经有过这样一段话:

"我们把军官分成四类,聪明的、愚蠢的、勤快的、懒惰的。每个军官至少具备上述两种品质。那么,聪明而又勤快的人适宜担任高级参谋;愚蠢而又懒惰的人可以被支配着使用;聪明而又懒惰的人适合担任最高指挥;至于愚蠢而又勤快的人,那就危险了,应立即予以开除。"

12. 韬智之人

这种人机智多谋又深藏不露,心中城府深如丘壑,善于权变,反应也快。如果立场不坚定,易成为大奸之人。他们往往见风使舵,察言观色确定自己的行动路线,智谋多变。如果忠正有余,则会成为张良一类的奇才。

这种人办事能采取比较得体的方法,表面谦虚,实际上不会吃哑巴亏,暗藏着报复心。用人讲求乱世用奇,治世用正。这种人不论在乱世还是治世,都能谋得自己的一席之地,是懂得变通的善于保全自己的一类人。因诡智多变,可能节气不够,不宜选派这种人掌管财务、后勤供应等事。

以上12种性格之人,由于特性不同,因而在识别之后,使用也应该不一样。

心理学感言

在一定程度上,一个人能力的大小以及性格的变化取决于他的胸怀与禀性。心胸狭窄、禀性不良的人不能指望他为善;禀性懒惰的人,不能指望他做事勤快;注重道德和品行修养的人,不会干凶恶阴险的事;追求公平正直、心无偏私的人,不会伤害朋友。

03 处事之道贵在将心比心

人心都是肉长的。人与人之间,凡事都是互相的,你对别人投之以桃,别人自然会对你报之以李;你对别人怒目相向,别人自然会给你还以

职场必备的心理学

颜色。人与人相处，就得将心比心、以心换心。

吴起是战国时期著名的军事家，他在担任魏军统帅时与士兵同甘共苦。

有一次，一个士兵身上长了个脓疮，作为一军统帅的吴起，竟然亲自用嘴为士兵吸吮脓血，全军上下无不感动。

然而，这个士兵的母亲得知这个消息时却哭了。

有人奇怪地问："你儿子不过是小小的兵卒，将军却亲自为他吸脓疮，你为什么倒哭呢？你儿子能得到将军如此的厚爱，这是你家的福分哪！"

这位母亲哭诉道："这哪里是在爱我的儿子啊，分明是让我儿子为他卖命。想当初吴将军也曾为孩子的父亲吸脓血，结果打仗时，他父亲格外卖力，冲锋在前，终于战死沙场；现在他又这样对待我的儿子，看来这孩子的命也不长了！"

这位母亲真可谓一语中的。

吴起凭什么赢得士兵的忠诚呢？凭借的是他的诚心诚意。身为一军统帅，他与士兵同甘共苦不说，为了让士兵不致因伤口化脓发炎而死，竟然亲自用嘴为士兵吸吮脓血！这不能不令人感叹。

中国有句成语，叫难能可贵。因为难，所以可贵。如果非同一般的难，就会让人觉得非同一般的可贵。脓血脏而且有毒，一般人避之唯恐不及，又怎么会用嘴去吸吮呢？恐怕即便受伤的人是自己的家人，也很难做到。

而吴起，他身为将军，为了让士兵的生命不受威胁，为了让他们早点好起来，却亲自为其吸脓血，这更衬托出他对士兵的情之切、爱之深。

我们也常说：滴水之恩，当涌泉相报。如果这滴水，尤其难得，人们会觉得它尤其可贵，会尤为珍惜，自然回报的也会尤其多。

就拿这个士兵及他的父亲来说，统帅用嘴为自己吸吮脓血，从某种程度上来说，是给了自己第二次生命。这样的大恩大德怎能忘记？又何以为报呢？作为战士，其天职就是冲锋陷阵、奋勇杀敌。将军情深义重，士兵又怎能贪生怕死？于是，便上演了将军不怕脏不怕毒，为士兵吸吮脓血；士兵不怕苦，不怕累，为胜利出生入死。

其实，这样的互动不仅存在于生死攸关的战场，也存在于风平浪静的日常生活中。

在我们周围常常有这样的状况：有的人朋友多如牛毛，家里客人总是不断，在旁人眼里，看着都觉得累。他却不嫌麻烦，总是尽力而为。不过，一旦他发生了什么事，就有不少朋友主动上门帮忙。

这似乎应验了《圣经》上的那句话："你愿意他人如何待你，你就应该如何待人。"

心理学感言

你愿意他人怎么对你，你就应当怎么对人。人心都是肉长的。与人相处，就得学会将心比心、以心换心。你对别人投之以桃，别人自然会对你报之以李；你对别人怒目相向，别人自然会给你还以颜色。

九、细品社交表现，透视人心理真伪

透视人心理社交场合识人讲究的是"准"和"快"，容不得你细细品味，慢慢思考。正所谓快人一步，胜人一筹。要迅速破译他人的心理密码，贵在见微知著。

社交表现好的人，在社会上的形象就好，社会评价也高，因而找人办事也容易得到理解、同情、支持、信任和帮助。因此，一个人的社交表现怎样，直接反映出这个人在社会上的形象。

01　注意第一印象

在社交中，第一印象是彼此阅读对方内在的一种快捷方式。这种方式的准确性因人而异，它是阅历场中一棵挂满玄思妙想之树，深者得其

职场必备的心理学

深,浅者得其浅。

置身于一个新的环境,一个人的"第一印象"是非常重要的,别人对你,或你对别人都是如此。如果第一印象不佳,要想重新获得好感,是要付出很大代价的,因为人类有先入为主的思维定式,它不自觉地左右着人的思维方式。所以,在和人打交道时,必须慎重地对待这个问题。

卡耐基指出:"良好的第一印象是登堂入室的门票。"这话说得对极了。我们往往与人初次见面时,都会在不知不觉中给对方造成"此人很不友善""此人很直爽"之类的印象。这是对方跟自己的经验相对照,并以其体格、外貌、服装等为基准,使对方产生的一种观念。如果给对方的第一印象有所错觉的话,就很难修正自我的第一印象。即使能修正过来,也要花费很长时间、很大力气。

初到一个新环境,每个人都会有紧张、陌生之感,只要抓住人人都注重先入为主这个特点,从一开始就树立良好的第一印象这一策略,保证你万事如意。这就是所谓的"首因效应"。

"首因效应"也叫"第一印象效应",是指最初接触到的信息所形成的印象对我们以后的行为活动和评价的影响。

你与别人萍水相逢,互不了解,而你的外在形象却毫不客气地作为第一信号打入了他人的眼底。机敏的人能够在这一瞬间凭着自己的心理定势给你打分、对号。而且这种自我经验又非常的固执,人们的特点是最相信自己的最初判断了。有些人费尽心机,却一辈子不景气;有些人办什么事都那样得心应手,物顺人从,似乎红运天降。其中的奥秘就在于其人的整体"形象"起了举足轻重的作用。

当然,第一印象有的是假象,有时给我们第一印象很好的人也有可能是心怀叵测的小人,我们要善于透过外表看实质,不要让第一印象牵着我们的鼻子打转。每个人都很难从他人的表情或者言谈举止轻易断定其用心。难过时,或许他微笑着巧妙地掩饰;兴奋的时候,他也有可能故作沉思低头不语。所以,这时他说出来的话、做出来的事不一定出自于内心的本意。

由于社会生活的复杂性,每个人都会在不同程度上戴上面具来面对现实中的人和事。随着时间与阅历的增长,每个人的面具会越来越巧妙,很难被人察觉。久而久之,这就转变为一种社会性的心理思维定式,一种习惯。随之而来的世故圆滑也是成熟的标志之一。想一想自己,不也正是如此吗?自己的喜怒哀乐何时明明白白表露在他人面前而不加任何的掩饰!真可谓人心难测,这是我们通晓人际交往秘诀的前提条件。

人际交往的初次印象常常是十分强烈、鲜明的,并且成为正式交往的重要背景。一对结婚多年的夫妻,最清晰难忘的是初次相逢的情景,在什么地方,什么情景,站的姿势,开口说的第一句话,甚至窘态和可笑的样子都记得清清楚楚,终生难忘。

第一印象包括谈吐、神态、举止、相貌、服饰,对于感知者而言都是新的信息,它对感官的刺激也较强烈,有一种新鲜感,这就犹如在一张白纸上,第一笔抹上的色彩总是十分清晰、深刻一样。随着后来接触的增加,各种基本相同的信息的刺激,也往往盖不住初次印象留下的鲜明烙印。因此,第一次印象的客观重要性还是显而易见的,并在之后交往过程中起了"心理定势"作用。给人的第一印象假如是不热情、呆板、虚伪,对方就可能不愿意继续了解你,尽管你尚有很多的优点,也不会被人所接受。而假如给人留下的印象是风趣、热情、直率,尽管你身上尚有一些缺点,对方也会用自己最初捕捉的印象帮你掩饰短处。

社会学家发现,人们对在公众场合总趋近衣着整洁、仪表大方的人,或衣着略优于自己的人会留下较好的第一印象。

另外,一个人有没有才气最容易从讲话中表现出来。有才气的人一张嘴,那准确的语义、逻辑的力量、丰富有趣的内容立即会吸引对方。相反,夸夸其谈、吐字模糊、内容平庸都对人产生不了吸引力。

识人之道,在于能透过表面现象用慧眼看穿人的本质,千万别做"悦于色,恶于德"的傻事。

心理学感言

首因效应也叫第一印象效应,是指最初接触到的信息所形成的印象对我们以后的行为活动和评价的影响。通常,人在初次交往中给对方留下的印象很深刻,人们会自觉地依据第一印象去评价某人或事物,今后与之打交道的过程中的印象都被用来验证第一印象。

02　握手力度，看其心理活动

握手,是现代社会中人与人交往时一种较为普遍的礼节,除了传统的表示友好、亲近外,还表示见面时的寒暄,告辞时的道别,以及对他人的感谢或祝贺、慰问等等。握手不仅是中国人最为常用的一种见面礼和告别礼,而且在涉外交往中也普遍适用。握手的感觉比一般礼节性要求的内容更丰富、细腻。从握手的方式可以看出一个人的性格。

握手时的力量大,甚至让对方产生疼痛的感觉。这种人大多是逞强而又自负的。但这种握手的方式在一定程度上又说明了握手者的内心是比较真诚和煽情的。同时,他们的性格也是坦率而又坚强的。

握手时显得不是很积极主动,手臂呈弯曲的状态,并往自身贴近,这种人大多是小心谨慎,封闭、保守的。

握手时仅仅是轻轻地一接触,握得不紧也没有什么力量,这种人大多比较内向,他们时常会悲观,情绪低落。

握手时显得有点迟疑,大多是在对方伸出手以后,自己犹豫几秒钟之后,才慢慢地把手递过去。排除掉一些特殊的情况以外,在握手时有这种表现的人,多内向,并且缺少判断力,做事不够果断。

不把握手当成表示友好的一种方式,而把它看成是例行的公事,这表明此种人做事草率,缺乏足够的诚意,并不值得深交。

一个人握着对方的手,握了老长时间还没有收回,这是一种测验支配力的方法。假如其中一个人先把手抽出、收回,说明他没有另外一个人有耐力。相反,另外一个人若先抽出、收回手,则说明他的耐心不够。总之,谁能坚持到最后,谁胜算的把握就大一些。

虽然在与人接触的时候,把对方的手握得很紧,但只握一下就马上松开了。这样的人在与人交往中大多是能够很好地处理各种关系,与每个人都好像很友善,可以做到游刃有余。但这可能只是一种外表的假象,其实,在内心里他们是十分多疑的,他们不会轻易地相信任何一个人,即使别人是非常真诚和友好的,他们也会加倍地提防、小心。

在握手的时候，显得有点紧张，掌心有些潮湿的人，在外表上看来，他们的表现冷淡、漠然，非常平静，一副泰然自若的样子，但是他们的内心却是非常的不平静。只是他们懂得用各种方法，比如说语言、姿势等来掩饰自己内心的不安，避免暴露一些缺点和弱点。他们看起来是一副非常坚强的样子，因此，在别人眼里，他们就是一个强人。在比较危难时，人们可能会把他们当成是一颗救星，但实际上，他们也十分慌乱，甚至比别人还要严重。

握手的时候，显得没有一点劲，似乎仅是为了应付一件不得不做的事情，而被迫去做的。他们在很多时候并不是很坚强，甚至是非常软弱的。他们做事缺乏果断、利落的干劲和魄力，而显得犹豫不决。他们希望自己能够引起他人的注意，可事实上，其他人常常在很短的时间内就会将他们忘掉。

用双手与别人握手的人大部分是非常热情的，甚至有时热情过了火，让人觉得难以接受。他们大多不习惯于受到某种限制与约束，而喜欢自由自在，按照自身的意愿去生活。他们具有反传统的叛逆性格，不太注重社交、礼仪等各方面的规矩。他们在很多时候是不太拘于小节的，只要能说得过去就可以了。

把别人的手推回去的人。其中，有大部分都有较强的自我防御心理。他们经常感到缺少安全感，因此时刻都在做着准备，在别人还没有出击但有这方面倾向之前，自己先给予有力的回击，占据主动地位。他们不会轻易地让谁真正地了解自己，假如是这样，使他们的不安全感更加强烈。他们之所以这样，在很大程度上是由于自卑心理在作乱，他们不会去接近别人，也不会允许别人轻易接近自己。

习惯用抽水机般方式握手的人，他们当中大多有相当充沛的精力，能同时应付几件不同的事情。他们做事十分有魄力，能说到做到，且办事干脆而又利落。此外，这一类型的人为人也比较随和、亲切。

像虎头钳一样紧握着别人手的人在绝大多数时候都显得非常的冷淡、漠然，有时甚至是残酷的。他们希望自己能够征服他人、领导他人，但他们会巧妙地隐藏自己的这种想法，而是运用一些策略与技巧，在自然而然中达到自己的目的。从这一方面而言，他们是工于心计的。

> **心理学感言**
>
> 　　有时候，不妨留意一下对方握手的力度，你会有许多新的发现。正如美国心理学家所说的，从握手的力度可以了解到一个人的心理活动。如果握手的力度非常大，说明对方心中充满善意。当人们希望表达善意和热忱的时候，会自然而然地加大握手的力度。反之，如果握手时感觉对方软绵无力，说明对方并没有强烈的、想要拉近距离的意愿。如果对方在握手的时候手心出汗，基本上可以判断他是个内向的人。

03　如何识破对方谎言

　　在人际交际中，我们已经了解了一些识破别人谎言的招数，那么，现在我们就针对"如何去识破对方并使他说出真话"这一话题进行讨论。

　　1. 怎样使对方解除心中的武装

　　正在说谎或试图说谎的人在心里一定会先把自己武装起来。"怎样使对方除去武装"就是关键所在。假如这时你正面跟他冲突，他一定会强词夺理把你反击回来。

　　例如，你对说谎者说："你有什么话就干脆直说好了，不用跟我兜什么圈子。"这样去攻击他，是不会产生效果的。我们应该在对方有些动摇时，找出他的弱点去攻击他。不过，如果对方硬要坚持他的谎话，那么这一招就不灵了。这时，我们就必须另想办法使对方解除武装。我们暂且不去理会他说话内容的真实与否，只要把重点放在如何才能使他解除心中的武装就可以了。

　　这个道理就与闭得紧紧的海蚌一样，愈急着把它打开，它就闭得愈紧。假如暂时不去理会它，它就会解除心中的武装，一会儿它就自然地打开了。

　　那么究竟要如何才能使对方解除心中的武装呢？

　　使对方具有安全感，如果对方是为了保护自己而说谎，我们最好这样说：

"你把实话说出来。没关系的,事情不像你想象的那样严重。"

这样一来,他们就会认为自身的处境已经很安全,不会顾忌说出实话会有什么不良的后果。因此,在这种情况下,想要叫他说出实话是很容易的。

公安部门在查询凶杀案的见证人的时候,利用这种方法最合适不过了。

要使对方产生安全感,首先必须使他对你产生信赖,他对你产生信赖之后,才会对你吐出真言。

利用循循善诱的方法去套取对方的口供,要比使用强硬逼供的手法更容易达到目的。当然,假如你只是装出笑容来讨好对方,那对方就不会怕你了。我们必须做到让对方认为"我实在不敢对这种人说谎"才行。简单地说,我们要运用技巧,使对方因为你的影响而把实话完全吐露出来。

还有一种技巧与上述所提的完全相反,那就是故意把自己装成很容易上当的样子,使对方对你没有戒心而很自然地把心里的话说出来。

换言之,就是让对方产生优越感,使他在得意忘形之际,无意中露出马脚。这种方法用来对付傲慢的人最好不过了。

职场必备的心理学

据说美国的律师在法院开庭审问时,也常会反复地运用这种方法,但是假如太露骨的话,就会留下漏洞,无法达到目的。

追根究底,此方法与上述所说的方法完全相反。彻底去追根究底,有时也能使对方解除心中的武装。假如对方仍有辩白的余地,他也一定会坚持到底,因此,只有在他们被逼得无法再为自己辩解时,他们才会自动解除武装,说出实话。

洛克希德贿赂案中很多有力的证人,在最后终于供出了真相,主要的原因是由于他们被逮捕之后,办案人员利用追根究底的方法使他们说出实情来。

我们常常可以在报纸上看到某人由于精神过分紧张而自杀的消息,对于此类事件,我们没有办法给他们下一个完美的定论,但我们很容易看出,他们实在是被生活中的某种因素逼迫得无法透气才这样做的。

攻其不备。不管是多么高明的说谎者遇到突然而来的攻击,也会惊慌失措,不得不投降。

一位资深律师曾说道:"在询问一个决定性的问题时,不要马上询问证人,等他回到证人席之后,再突然请他回来,重新询问,这是最有效的方法……"

《孙子兵法》里也说过:"攻其不备,出其不意""使其不御,则攻其虚"。因为我们乘虚而入,对方没有防备,自然就会放下武器投降了。

2. 不要与对方做无意义的争辩

"你明明就是在说谎。"

"不!我说的全部是实话。"

"你为何要说谎?"

"不!我根本就没有说谎。"

这样的争辩没有任何意义,再怎么争论下去也不会有结果的。

表面上看来,这种问话的方式有点像是追根究底,其实是完全变了质。

使对方反复地做出同样的事情,谎话只能说一次,假如经过两次、三次的重复,多多少少就会露出马脚。我们在日常生活中经常会发现这种现象,比如,早上同事打电话来说:"对不起!我家有客人,麻烦你帮我向主管请个假,谢谢你了。"

等过几天后,你突然问他:"前几天你为何要请假呢?"这时他或许会说:"因孩子得了急病!"这种人一定不是为了正当的理由而请假。或许他在外面兼副业,或许他在外面做了某些不可告人的事情。

有一位十分细心的人,他每次说谎之后,都会把它记在备忘录里,以免重复。这个方法真是无聊透顶,如果他说了一个曲曲折折的谎话,是否也能一一把它记下来?总有一天他会露出马脚的。

3. 要有效地利用证据

要使对方说出实话,最高明的手法就是提出有效的证据,尤其是物证,它的效果更大。

拿出有力的证据来做武器是识破谎言最好的手法。不但可用来对付风流的丈夫,同时也可用来对付政治上的谎言。不管对方如何狡辩,只要我们有确凿的证据,他就不得不俯首承认。

但更重要的是必须懂得如何运用这些证据,如果运用不当,证据也会失去效用的。

关于这一点,我们首先要注意的就是:时机是否运用得当?如果事情过了很久,我们才拿出证据来印证,那么证据的价值可能就大大地减低了。

假如我们在提出证据之后,还让对方有充分的时间去考虑,也是不妥当的,这样不是又让他获得了一个答辩的机会吗?

那么,证据要同时提出还是逐项提出来呢?这个问题我们不能一概而论,必须看证据的价值以及当时的状况来决定。

至于我们握有的证据究竟有多少,绝不能让对方知道。尤其是当你只有少许证据的时候更要绝对保密。总之,证据是一种秘密武器,证据愈少愈要珍惜,否则失败的将是你而不是对方。

不到决定性的时候,不要让对方知道,或者显露自己手中的证据。

你必须一面静听对方的陈述,一面在暗中对照证据;同时,也要考虑对方手中证据的可靠性,使紧握在手上的证据能运用得恰到好处。

以上所说的方法,到底使用哪一种比较好呢?当然,这要看对方的情况而定了。有时不能只用一种方法,必须综合运用多种方法才能收到

职场必备的心理学

效果。

我们并不是像警察一样要使犯人坦白,我们只是想了解在日常生活中,应怎样去透视别人,怎样诱使别人说实话。

如果我们像警察一样,以审问犯人的方式去对待别人,那不是会得罪许多的人吗?关于这一点,我们应特别注意。

心理学感言

其实,成功有时候很简单,它往往就在一瞬间,而需要的只是你对细节的关注。

"调查表明,一个普通人在谈话的时候,平均每10分钟要说3个谎话。"——这是最新美剧《别对我说谎》的论点。由此看来,在人际交往中,识破他人的谎言非常重要。你凭借看着眼睛、观察小动作、听声音、握手等社交表现,就会知道对方是否在说谎,以及为什么说谎。